여름이 닳아질 때까지
걸었으나
서늘해지지 않았다

리토피아포에지 · 131
여름이 닳아질 때까지

인쇄 2022. 5. 6 발행 2022. 5. 11
지은이 김유석 외 펴낸이 정기옥
펴낸곳 리토피아
출판등록 2006. 6. 15. 제2006-12호
주소 21315 인천광역시 부평구 평천로 255번길 13, 903호
전화 032-883-5356 전송 032-891-5356
홈페이지 www.litopia21.com 전자우편 litopia999@naver.com
ISBN-978-89-6412-164-1 03810

값 9,000원

지평선시동인/제7집

여름이 닳아질 때까지

걸었으나

서늘해지지 않았다

7집을 묶으면서

한참을 걸은 듯싶은데 여전히 멀다
돌아볼 발자국도 없다
그저 묵묵히
한 길을 동행하는 일,
지평이란
목적지가 아니라 여정에 지나지 않기에

또 하나의 이정을 세울 뿐이다

지평선시동인 일동

차례

기명숙

/

절필

도깨비불

/

전남 목포 출생. 2006년 〈전북일보〉 신춘문예 당선. 시집 『몸 밖의 안부를 묻다』.

절필

꽁꽁 언 작약근을 옮겨 심었다
마음도 얼어붙었는지 봄이 끝나가는 데도 순을 틔우지 않았다
작약의 속을 알 수 없으니 애증을 나타내기도 무안한 일
훔친 건 아니지만 괜히 남의 밭에서 캐왔노라, 속을 끓였다
그 사이 치정을 앓고 난 봄꽃들은 끝물에 들기 시작했다
봄의 절정을 가져본 적 없는 나의 작약은 미동도 없었다
이별을 각오하고 장례를 준비했다
사랑이 아니라면 미움도 없는 것이 세상 이치여서
편안했다 편안하기로 마음먹었다

도깨비불

전주 근교에 여섯 평짜리 농막을 지었다
본질이 조금씩 훼손돼가는
도농都農이 갈등을 하다가도 그럭저럭 섞이는 모양새였다
밤이면 달과 온갖 벌레들이 손바닥 만한 창문을 두드렸다
철렁, 내리 앉는 속俗의 일들에 줄행랑치고는
송진이 베 나오는 의자에 앉아 먼 곳을 바라보곤 했다

대낮에는 보이지 않는 도깨비불인가?
한 사람의 죽음이 저리 빛날 수 있는 것인지
장례식장 휘황한 불빛이 수백 가구 아파트 불빛을 압도했다
기실 산 목숨과 죽음은 섞여있고
자동차 굉음과 귀뚜라미 소리 범벅이 되었으니
페이지를 넘기지 못할 바 병상일지를 태우기로 마음먹었다

| 시작메모 |

한 번 엎질러진 물은 주워 담을 수 없지만 다시 엎질러지진 않는다.

그런데 나는 엎질러진 물이 계속 엎질러지는 꿈을 꾼다. 사는 것도 시도 다 그렇다.

다만 극에 달하면 허무의 맛이 달콤해지는 유쾌한 경험 중에 있다.

김유석

/

금계錦鷄
해당화
새드 카페sad cafe
기억이 흘리는 농담

/

김제 출생. 1989년 〈전북일보〉, 1990년 〈서울신문〉 신춘문예 당선.
2013년 〈조선일보〉 신춘문예 동시 당선. 시집 『붉음이 제 몸을 휜다』 외.

금계錦鷄

날려 보내드리기엔 몸이 너무 무겁군요.

이미 한 번은 버림받은 당신

실없는 울음으로

빈 하늘 올려다보지 마세요, 자꾸 파닥거려야 하니까

제 몸을 치며 우는 건 쓸쓸한 일

그보다 슬픈 건 무수정의 알을 낳는 일,

모른 체 하기엔 봉황의 기억이 황송하고

목을 비틀기엔 몸빛이 너무 고운

가엾은 당신, 날갯죽지를 떼든지 울음을 버리든지

구질구질한 지상 더는 달아날 곳 없으니

그저 달아나려는 자세만 취하세요

해당화

몸에 소름이 돋는 것들은 아프다는 증거, 저 속엔

바다를 울처럼 두른 오막살이 한 채가 들어 있고

잔물결 침목枕木으로
미역줄기처럼 땋은 남도의 해안선이 들어 있고

가시에 찔리면

초경初經의 딸내미 끌어간
기적이 흘러

망연한 바다를 마당에 들여놓고

울경울경 짓이기는
홀어미 붉은 입술

새드 카페sad cafe

비가 내리죠.

겨울에서 겨울로, 기다리지 않거나 서두르지 않는 십일월

누구든 들러가고 누구든 지나치는 길모퉁이
그 카페가 있는 줄 몰랐어요.

차가운 빗방울이 들여다보는 안

눈이 내린다 했던가요, 거긴
난로가 놓였나요. 끓거나 날릴 수 있다면

이 비도 안개처럼 자욱할지 모르죠

안과 밖의 차이,
쓸쓸한 건 마찬가질 걸요?

슬픔은 뒤집어도 변하지 않으니까

모두 우울해요, 우린 늘
내 것보다 내 것 아닌 것들에 충실했거든요.

열려있거나 단혀 있는
그 앞 서성거리지 말아요

그러다 또, 그냥 지나쳐버릴 거잖아요.

기억이 흘리는 농담*

계절이 바뀔 때마다 한 번씩 밤의 문이 열리는 그 곳은 세상 하나뿐인 전당포죠

기억을 잡아주니까, 버리고 싶거나 버려지지 않는 순간들이 서성거리는 곳

날다가 죽는 어떤 새의 비명처럼

목관木管이 울리는 골목을 돌면 연탄집이 나와요 거기서 왼쪽으로, 혹은 오른쪽

도둑고양이 울음이나 담벼락의 화살표를 따라가면 홀연 진눈깨비가 내리죠

발자국을 남기면 안되니까, 지워도 안되니까

비와 눈을 조심해요 이미 이루어졌더라도 감쪽같은 걸 최고로 잡아주거든요, 거긴

다른 이의 기억이 절실했을 순간이 있어

기억과 기억을 맞바꿔주기도 해요

유념하세요, 그 어떤 기억도 단 한 철만 맡겨둘 수 있으니까

더 이상 잡힐 것이 없다면 누군가의 내일을 훔쳐가도 좋아요, 가끔

아직 이루어지지 않은 것들을 눈 어둔 주인은 헐값에 잡아주기도 하니까요

*최승호 시인의「죽음이 흘리는 농담」패러디.

| 시작메모 |

집 나간 백구는 돌아오지 않는다. 보름을 지났다. 강아지 적부터 머릴 쓰다듬고, 밥줄에 묶여 꼬릴 흔들던 똥개.

돌아오지 않는 게 머리인지 꼬리인지 알 수 없다. 내가 기다리는 것이 머리인지 꼬리인지도 알 수 없다.

시 쓰는 일이 내게 그와 같다.

김인숙

정읍 출생. 2011년 《문예연구》로 등단.

오후 여섯 시

경계가 아득하다
낮이 닫히면 밤이 열리는 걸까
눈빛은 소리보다 어둡다

뛰지 못해도 걸을 수 있어
빨리 못 걸어도 갈 수는 있어
둥글어진 모서리로 끌어안는다
당신의 은발에서
석양 냄새가 난다

목적지 부근입니다
네비게이션의 흔들리는 목소리
빙빙, 몇 바퀴째 맴돈다
개와 늑대
틈새로 반복되는 오류

목적지를 다시 설정해도
어깨에 잔뜩 힘이 들어간다
낮과 밤의 이정표 희미하다

당신의 유일한 식솔인 검둥개가
늑대처럼 짖는다
어둠 속 당신의 흰머리가 검다

섬

골목에 그림자 길다
석양에 그 키 더욱 커진다

백 살 먹감나무
불쑥불쑥 넘어온 아파트 그림자에
급기야 포위되었다

유모차와 나란히 해바라기 하던
서산 할머니 어디로 갔나,
보이지 않은 지 한참이다
밤이면 말갛던 봉창도
눈 감은 지 오래다

꽁꽁 술래 잡던 골목에
그림자만 서성댄다
녹슨 살림살이 나뒹구는
빈집 늙은 감나무,
홍시 몇 개 조등인 듯 달고 있다

고개 숙인 가로등 홀로

눈 뜨고 눈 감고를 반복한다
아슬아슬
그 섬을 지키고 있다

어떤 조문弔問

TV 켜둔 채 홀로 사망(65)
고가 밑 노숙 장소에서 사망(48)
미라 상태로 주검 발견(62)
고시원 공동화장실에서 사망(51)
참 착하고 조용했던 사람(67)
거리 모정 안에서 숨진 채 발견(47)
막걸리 들고 걷다 쓰러짐(56)
돈이 없어 아버지 장례 못 치른 자녀들(55)
유품은 휴대폰과 동전 몇 개(33)
어머니 오열, 유골 인수 원함(51)
5년 생사불명 백골로 발견(미상)
강직하고 진중한 사람으로 기억 됨(79)
어머니 눈물 쏟으며 기도(57)
유기된 뒤 저체온증으로 사망(0)
관이 몹시 가벼움(76)

609일(2020년 1월~2021년 8월) 동안 공영장례를 치른 서울 무연고 사망자 1,216명의 사연 전수조사.

가난, 질병, 관계 단절 등으로 투명인간 같은 삶을 살았을지라도 그들도 누군가의 자녀, 배우자, 부모, 형제자매,

지인이었다.(한겨레신문, 2021. 10. 26. 8면)

밥숟갈을 든 채
깨알 같이 적힌 이름, 나이, 사연이나 꼼꼼히 읽는다

산벚꽃, 눈에 피다

잘 본다는 그 집 찾아가는 길
저만치서 산벚꽃이 한 발 늦게 피고 있고
친구는 이별의 경우를 말하고 있었다.
헤어짐의 고민은 헤어지기 싫음의 다른 말
이별수가 있다는 말에 친구의 얼굴에 상심이 앉았고
나는 나의 생에 풍파가 언제쯤 끝날지 물었다

'허허 벌판에 소나무 한 그루로구나'
선문답 같은 대답에 골짜기 깊은 곳에서 징소리가 났다
'외롭고 외롭구나' 대목에서는
눈에 뜨거운 안개가 피었다
돌아오는 길 내내
안개와 산벚꽃이 눈에 어룽거렸다

그 꽃 몇 번 질 때까지 친구의 이별은 없었고
과거인지 미래인지 모를 그때의 내 사주풀이는
봄마다 신통했다
누구에게나 이별수는 있고
누구나 홀로 가는 거라고 다독이며 걷는 길
빈 봄밤 어디쯤 산벚꽃 내리겠다

| 시작메모 |

'그 사람의 말과 글이 그 사람'이라는
두려운 사실의 자각에,
나를 떠난 말과 글이 우르르 몰려와
얼굴에 찬물을 끼얹는다.

도혜숙

/

에그타르트
백색의 시간, 코로나 일기
길 위의 날들

/

2001년 《한국시》로 등단. 시산맥상 수상 시집 『고요를 끓이다』. 전라북도교육청 재직.

에그타르트*

한 해가 넘어가는 석양 무렵 카페에 들러
커피와 에그타르트를 시킨다

갈색 테두리 안에 삼백예순네 개의 달이 녹아있다

늘상 먹는 아메리카노 대신 카푸치노를 시킨 건
완벽한 하루를 여전히 꿈꾸고 있다는 것

나는 나에게 카푸치노를 건네고 에그타르트는 나를 바라본다

함박눈이 잠시 낮잠처럼 쏟아지다 그친다
아무도 생각나는 사람이 없어
내 안에 뭉쳐진 불안을 꺼내어 앞에 앉힌다

에그타르트가 앉아 있다

매일매일 태어나고 죽어간 눈빛들이 꿈처럼 나를 바라본다

일상의 체에 걸러지고 뒤섞이고 두드려 맞다 구워진
내 눈 속으로 가만히 마지막 달의 시체가 올라온다

영혼을 팔지 않고도 한 해와 자별할 수 있기를,

지그시 젖은 달이 내 눈을 덮는다

* 에그타르트egg tart : 우유가 많이 들어간 파이 형식의 음식, 페이스트리 반죽으로 만든 동그란 타르트 셸에 커스터드를 채워 부드럽게 만든 음식.

백색의 시간, 코로나 일기

사람들이 코와 입을 막고 시간을 꿰매고 있다

새로 생겨난 앱을 찾느라 버스를 자주 놓치고
여름이 닳아질 때까지 걸었으나 쉽게 서늘해지지 않았다
돌연변이 꽃들이 수시로 피어나 계절을 아프게 했다

방역이 강화되면서 수시로 빨간불은 켜지고
파란불은 온몸을 떨다 금방 꺼지곤 했다
세상 가득 분열과 거짓과 불공정이 꼿꼿해졌으나
비게질하던 사람들의 등과 허리는 더 구부러졌다

누군가 엉터리 숫자를 믿으라고 강요했다
사소하고 피할 수 없는 소음들이 자주 절룩거리며 찾아왔다
약藥이 되지 못하는 시간들은 아랫배처럼 불룩해졌다

말을 잃거나 고흐를 닮은 사람들이 늘어나고
출근을 못하는 사람들은 스스로 옷을 벗었다
폐업을 내건 가게들은 영영 문을 열지 못하고 녹슬어갔다

아이들은 거리두기를 하다 수평선처럼 멀어지고
왁자한 웃음들이 휘날리던 운동장은
풀들만 무성해지다 홀로 버림치가 되어갔다

엊그제 청첩장을 받고 조의금을 내는 사람을 두엇 보았다

길 위의 날들

어디선가 돌멩이들이 날아왔다
머리가 터지고 어깨가 찢어지고
날카로운 돌조각 하나 심장에 박혔다
심장을 껴안은 채 지친 발걸음을 내딛었다
바람이 내 어깨를 감싸안았다
탄지로의 노래*가 멍든 심장 부근을 흘러다녔다
돌멩이의 출처는 너무 분명해서
두렵진 않았지만 온몸이 욱신거렸다
이정표가 없는 길 위에는
6월 장미가 핏빛 울음처럼 쏟아지고 있다.

교육은 참인가 거짓인가
아이들이 빠진 교육의 한 무리가
허공에 빈 메아리처럼 웅웅거렸다
내가 걸어가는 길 양쪽으로
허물어진 법의 파편들이 물집처럼 잡혀있다
나는 왜 이 길을 가는가
나는 왜 집단이기가 창궐한 이 길을 걷는가
나는 왜 공적 소명이 사라진 이토록 소란한 곳에 서 있는가

나는 이제 어디로 가야 하는가

* 탄지로의 노래 : 일본 작가 고토게 코요하루吾峠 呼世晴의 애니메이션 주제가.

| 시작메모 |

발터 벤야민이 그랬다.

"어떤 사람을 안다고 하는 것은 그 사람을 희망없이 사랑하는 것이다"라고.

고 김광석은 이제 그만 살고 싶을 때, '일어나'라는 노래를 지었다고 한다.

라이너 마리아 릴케는 쓰지 않으면 죽을 것 같을 때 시를 썼다.

나는, 나는 언제 사랑하고, 노래하고, 시를 쓰는가…….

문상붕

/

海東 됴션朝鮮 대도뎐大盜傳

이순耳順

덜렁거린다

배반의 장미

/

김제 출생. 정읍고등학교 교장.

海東 됴션朝鮮 대도뎐大盜傳

1장. 용비어천가

해동海東 됴션에 육도六盜가 나ᄅᆞ샤 일마다 천복天福이시니

동서고금古今 통 털어 이런 일 없었으니

신기루로 홀려 사람 마음 훔치고 나라를 훔치고 나라 곳간 다 털었으니

그 일홈 길이 남을지니 가히 도적 중에도 레전드 오브 레전드라 비교할 데 어디 있나

두말하면 잔소리요 세말하면 귀머거리일세

어려서부터 문일지십聞一知十, 하나를 배우면 열을 행하니 천재 중에 천재라

발걸음마다 기적이요 손짓마다 마이더스 왕이니

이를 기록하여 후세에 길이길이 귀감을 삼을 지니

이 무딘 붓이 어찌 그 위대한 형상을 다 감당할지 모골이 송연할 따름인저

2장. 술 취한 김에

이 세상 벗님네들 이내 말씀 들어보소

내가 이 세상에서 쓰잘디기 하나도 없는 시란 것을 끄적거린지

어언하고도 사십 년인디

하다 말다 쓰다 말다 사십 년 강산이 여러 번 바뀌었는데도

게으름 덕지덕지 어쩌다 한 편 쓰면 막걸리 한 상에 취생몽사 대취라

그 흔한 시인 소리 한 번 못 듣는 놈팽이지만 지랄만은 관종이라

그냥 넙쭉 한 사발이 두 사발 되고 두 사발이 금세 한 말 되고

한 말 들이키면 부라린 눈은 익덕 장비요 거드름은 긴 수염 운장 관우라

외상술 한 잔에 설검舌劍 조자룡 헌 칼 쓰듯 내려찍고 휘두르고

술김에 그냥 우라질 놈의 세상 욕 한 번 내질러나 보겄다.

술 취하면 천당 술 깨면 지옥, 천당과 지옥이 한 끗발 차이인데

인생 뭐있어? 알콜이지. 알콜로 돌아간다 알콜로 돌아간다

돌고 도는 인생 레코드판처럼 돌고 돌다 가끔씩 찌익찌익 주파수 안 맞으면

내일은 모르겠고 아 내일은 알 것 없고 오늘이 장땡

터진 입은 천성이고 가벼운 엉덩이는 천품이라

입방정 한 번 도둑놈들 향해 거나허게 욕설타령을 토해놓는디

3장. 도둑놈 타령

도둑놈 도둑놈 도둑놈 도둑놈 도둑놈이 무엇이냐

남보다 먼저 돈 되는 걸 알아보는 눈

남보다 한 박자 빠른 손

남의 오장육부보다 하나 더 있는 배짱.

삼십육계는 주도면밀

말만 하면 번지르르 얼음 위에 통박 밀기

이빨은 그럴 듯한 사기 이빨 이때다 하면 주저없이 고-고

어벙벙한 놈 등 두드리며 골 빼먹고

순진한 놈 배 어루며 속창시 다 빼먹고

여우처럼 다 빼먹고 나 몰라라 시침 떼고

들킬작시면 뒷걸음질 슬금슬금 입 딱 씻고 오리발 내기

돈 냄새는 귀신같이 득달같이 우르르르 우르르르

맨 먼저 찜하는 놈이 임자일세 침 발라 놓고 침 뱉어 놓고
내것 내것 김치국부터 마시고 숟가락부터 챙겨서나 부르지 않아도 냉큼냉큼
그 모양 볼짝시면 쥐새끼마냥 영특한 눈
가느다란 관자놀이에 뺀질뺀질 물빤대기는 사 단 넘어 오 단
짜다짜다 자린고비보다도 짜기는 육 단
실실 눈치는 칠 단 몰염치는 팔 단
돈 없네 돈 없네 쥐약 먹고 죽을 돈도 없네 배 째라는 데는 구 단
이리저리 돈 숨기는 데는 십 단
매사는 불여튼튼이라 저 멀리 섬나라 바하마 군도 같은 나라에
페이퍼 콤파슨가, 아 뭐시다냐 페이퍼 컴퍼니당가 미리 만들어 놓고
자 이제 작업 들어간다 스리스리 아리아리
풍상 쳐라 풍장 쳐라 사대강 육대주가 모두 내 땅
노저어라 노저어라 물들어 올 때 노 저어라
많다 많어 세상은 넓고 훔칠 것은 많다 많어
지지고 볶고 지지고 볶고 풍장 쳐라 땅땅

도도동동 띵동, 다다당땅 당따 땅땅,
땅도 땅도 내 땅이다 조선땅도 내 땅이다.
나발 불어 밀밥 떡밥 있는 대로 뿌려 놓고
그물 가득 피래미 잔챙이 다 긁어모아 한 입에 쑤-욱 먹는 재조 볼짝시면
뉴타운에 대형 프로젝트에 무지렁이 가슴에 불 질러 놓고
불난 데 부채질 한다 뭐니뭐니 해도 머니 최고 땅이 최고,
눈 뜨고 베어가도 모르는 서울 땅이 최고 강남 땅이 최고
온 나라 사람들 오르락 내리락 땅값 집값에 눈 고정시켜 놓고
온 나라 돈 풀어 놓고 돈 먹기 투전판 만들어 놓고
녹색성장 녹조라떼 이름만으로도 황홀한 돈돈돈
돈이 보인다 돈이 보인다 봉이 김선달도 울고 가는 재조
따라가보자 따라가보자 떡고물이나 만져보자 얼쑤
사위놈 동서놈 사돈네 팔촌 육촌 쪼가리놈 모두
아나 너도 먹어라 고등학교 동창놈
아이고 미안 너도 먹어라 대학교 동기놈
아이고 이런 실례 하나님 성전에도 십일조
아이고 몰라뵈었습니다. 회장님, 회장님도 한 뭉텅이

옛다 여기, 밑에서 고생한 시다바리에 콩 한 쪽

아이구 그러다 피라미에게 잘못 물려 콩밥 먹는다 조심해라 잉!

검새에도 콩 한 됫박

말 한마디 거들어 준 놈에게도 밥 한 술

여기서 먹고 저기서도 먹고 동서남북 중원 모두 다 성찬盛饌일세 그려

삼시 세끼가 아니라 삼시 열 끼도 모자라것네 그려

하이고 하도 많이 먹었더니 배 터지겠다.

아이고 배불러 죽겠네. 드러누워 배 두드리며 숨 헉헉

그래도 때는 한 번뿐 태평성대 고복격양鼓腹擊壤 격양가를 불러보세

그래도 밥배 술배 따로 있는 법 배 터져 죽을 일 없네

한 잔 먹세 그녀. 또 한 잔 먹세 그녀 권주가를 불러보세 그녀

저 달이 다 기울어지도록 술병 기울혀 또 한 잔 먹세 그녀

자 이번에는 방방곡곡 골짜기마다 방산 보물단지나 구다 볼까

비싼지 싼지 구식인지 신형인지 똥인지 된장인지 모르는
청맹과니 멍텅구리 모두 모인 군발이나 털어볼까
비행기값 기가 막혀 미사일값 천정부지 하늘을 뚫고
잠수함은 기본 군화에 내복피에 빤쓰까지 주먹구구 방사청
누구도 모르는 값 자기들도 모르는 값 엿장수 맘대로 쨰깍 째깍 부르는 게 값
그 재조 볼짝시면
들어간다 들어간다 얼씨구 씨구 절씨구 씨구
작년에 갔던 군발이 죽지도 않고 또 왔네
제대 똥별 양복 입고 나온다 록히드 보잉 뱃지 달고 나온다
뒷배 봐주었던 후배놈들 거수경례 한 번에 술 사주고 밥 사주고
이리 굴리고 저리 굴리고 어루려고 나온다. 발렌타인에 영계 앵기고 나온다
골프백 세트 메뉴 트렁크에 디밀고 나온다
나온다 나온다 돈다발이 나온다 가래떡처럼 나온다 화수분처럼 나온다
혈세건 뭐건 꼬리표 없는 돈이 나온다

콸콸 쏟아져 나온다. 칠팔월 소낙비처럼 내린다. 대대로 먹고 살 돈 나온다

나온다 나온다 찌르는 족족 나온다 칠팔월 장질부사 설사처럼 나온다

자 이제 실컷 먹었으니 디저트로 뭘 먹어볼까?

올커니 무릎 탁 치며 보거니

자원 자원 그것이 장땡이로다 삼팔광땡이로다

지하자원이라곤 눈꼽 만큼도 없는 나라

대대로 보릿고개에 등가죽이 붙은 나라

원한이 구천을 뚫는 나라 자원이 답이로다

자원 자원 자원이 답이로다. 땅만 파도 자원

삽질하세 삽질하세 자원자원

오대양 육대주 바닷물만 팔아도 그 어디냐

시커먼 석유에 금 나와라 뚝딱 은 나와라 뚝딱

구리광산은 또 어떻고 금은동이 여기 다모였네

저그 저 바다 건너 일인데 그 누가 어찌 알랴

바지사장 보내 도장 꽝꽝 일사전리 꽝꽝

기념사진 팡팡 일간지에 대서특필 쾅쾅

아 그놈 통 크다 입만 열면 수조 원대 감이 없다 감이 없어

일반 백성들이야 청맹과니 눈 뜬 장님
돈 몇만 원에는 칼부림 나지만 수천 억 수조 원은 나 몰라라
이거야 돈 먹기는 땅 짚고 헤엄치기
뚝딱 뚝딱 손가락 셈 구질구질 그 뭐냐 비싼 값에 사주고
우리는 구전만 먹으면 되지
코코 코리아는 코를 베어가도 모르는 글로벌 호구
그저 제 꾀에 잘 넘어가는 영악한 호구
태평연월일세 꿈일런가 생시런가 이생이 태평연월이로다 태평연월.

돈이야말로 눈도 없고 코도 없고
돈이 원수란 말 난 못들어봤네 이 태평천하에
돈이 부모고 돈이 형제지, 돈이 자매고 혈육이지
돈이 애인이고 돈이 하느님이지 유일한 하나님이지
금송아지 금도야지 하다못해 금팔찌
좁쌀만한 금이빨도 신주단지지
안그려 이서방 안그려 저서방

耳順

과거와의 수음은 항상 부끄러웠다
권태에 슬슬 이끼가 돋으면
왕년이란 굴속이 더없이 아늑하다
눅눅한 추억은 아직도 퍼렇게 독이 오르고
짓찧었던 이마는 야윈 핏줄만 도드라지는데
어쩌라고 그래 어쩌라고
흔들리던 세월은 처진 어깨에 비듬처럼 빛나고

甲子라, 돌아온다는 것인데
갈 지之자로 살아온 나날
이제 견디는 일만 남았는데
마음을 견디는 일
몸을 견디는 일
운명을 견디는 일
발걸음 하나하나 무거워지는데

예나 지금이나 세상은 자주 삐걱거리고
그때마다 무릎이 꺾인다
허리가 주저앉는데
비워야겠지 덜어내야겠지

주머니 속 먼지마저도 털어내야겠지 그렇지?
그럼에도 돌맹이처럼 한 번은 날고 싶은 것이다.
단 한 번만이라도
물수제비처럼 가볍게 강을 건너고 싶은 것이다

甲子라, 다시 시작한다는 것인데
화전민 같이 한바탕 청춘을 불사르고 떠나는
잿빛 나이를 견디는 일
그래도 화르르르
한 번은 다시 타오르고 싶은 것이다.

덜렁거린다

덜렁거린다
저것 한때는 기고만장했을 저것

덜렁거리는 한때
덜렁거리며 땅의 중심을 향한다
기껏 삼 분 아니 오 분 아니 아무리 고개 들어 휘저어도
이내 풀 죽어 덜렁거린다
저것, 덜렁거린다

궤도를 벗어나지 못한 별
흐린 하늘에 갇힌 달이 기울고
이내 산골짜기에
우울한 안개가 차오른다

배반의 장미

언제나 그렇듯 질서는 완고하고
배반은 늘 준비되어 있었다.
악수, 언제나 그렇듯 웃음을 띠고 있었지만
습관처럼 딴 생각에 머물렀다.
당연하게도 음모는 모이고 흩어지고
새우처럼 펄떡거렸다
구름이, 바람이, 비가 흘렀다

어차피 인생은 신파인걸
그러기에 치정은 눈물샘 속에 오래전부터 살고 있었던 것인데.
여태껏 장미와 가시는 한 몸인 걸 몰랐다

멋 모르고 설치던 나날
젊음은 그렇게 가고
다만 항상이란 말은 슬프다
말뚝에 매인 염소의 긴 울음에
되새김질은 더 슬프다

기다림은

청맹과니로 사는 일
귀머거리로 사는 일
기대는 늘 미루나무 꼭대기의
구름 같은 것이었으므로 작은 바람에도 흩어졌다

개의 하품 속에 잠들어 있는 여름
종일 백색 소음은 무료하게 소파 위에 뒹글고
다만 오래오래 드라마는 계속되었다.

가질 수 없는 그 어떤 아련한 미련
만질 수 없는 저편의 그 무엇
팔짱 낀 웃음은 어설펐다
그러기에 포기는 늘 이웃이었다

| 시작메모 |

인생에, 내리막길에 접어들어서도 나는 아직 비유에 머물러 있다. 이제 자전거 페달을 밟지 않고도 쭉 내려갈 수 있는 정도 되어야 하는데, 핸들만 잡고 시원한 바람을 즐겨야 하는데, 그런 날이 오기나 할는지. 아직도 안장에서 엉덩이를 들고 무릎과 허벅지에 잔뜩 힘을 주어야 나아갈 수 있다니, 게으름의 응보를 알겠다. 고개 구비구비가 내 빈약한 하체를 비웃고 있다. 다만 위안이 되는 건 남의 시선에 구애받지 않는 심보를 얻었다는 것, 그것이 앞으로 나를 이끌어가지 않을까 생각한다. '질투는 나의 힘'이 아니라 촌노의 너털웃음이 나의 힘이 되지 않을까 한다.

'오적'의 느낌이 나면 또 어떤가? 그냥 장구 치듯 긴 사설 한 편 써보았다. 그리고 60고개 넘어 탄식 속에 그냥 흘러가는 마음의 그림자를 몇 장 잠깐 잡아 본다.

박윤근

/

장미와 태양

미늘

지문指紋

/

수주문학상, 시흥문학상 수상. 아시아투데이 호남취재본부 부국장.

장미와 태양

태양과 장미는 닮았다
몽고반점 터부룩이 지닌
흑점 매력을 지니고 있다
다가가본 적이 없어, 다가갈 수 없어 더 유혹적인,
그렇다면 저 간극은
먼 길, 태양에 회귀하며 스쳐 지나가는
풍경 속 장미의 계절쯤일 것이다
저 예쁘고 둥근 꽃들은 분명
무리에서 이탈된 별들이
다시 미의 골짜기로 향하는 통로일 거라 나는 생각한다
그 간극은 만질 수 없다
너무 차갑고 뜨거워

누에가 뽕을 먹는 사각이는 시간의 끝으로
가젤이 사자에 쫓기고 있다
전력 질주를 지켜보던 태양이
그만 뜨거운 여름 담장 위에서
시선을 놓친다
그 사이 한껏 붉은 꽃잎을 내며
체위를 바꾸고 있다, 확장된다

하여, 그 시간의 덩굴로 담장은 이미
무성한 장미로 번져 있다

태양도 가끔 잃어버린 시간이 있어
그 상흔은 붉다, 차갑고 뜨겁다

미늘

미늘과 바늘은 한 몸이지만
제 각 하는 일이 다르다
제 몸 오독을 가장 가깝게 읽기 위해
한 뼘 간격을 가지고 있다

고기를 기다리는 동안 찌는 수심을 읽는 포집용.
잠시 잡혔다가 빠져나간 입질로
강의 폭과 길이를 가늠한다

간혹, 바늘은 강의 틈을 좁혀가며
늑골까지 꿰어 올리는 상상을 하지만
그것은 구부러진 바늘의 생리일 뿐
찢긴 시간의 터럭만 빼내기 일쑤다

미늘이 움직일 때는
바늘이 강의 움직임을 파악했을 때,
고기가 내는 파문은 실은
불안과 경계의 지느러미가 만드는 것,
그 떨림은 깊은 강의 바닥과 맞닿아 있어
외통의 눈빛을 가진 미늘에게는 훌륭한 먹잇감이다

아직 걸려 살아 돌아나온 이가 하나 없다

이윽고 미늘이 입안 가득
미동의 한 끝을 문다
오래 강기슭을 서성이던
낯선 사내의 희디흰 맨발처럼 걸려온다

아직도 길을 찾는지 파닥인다

지문指紋

레일을 깔기 전
이곳이 영토였던 회색 곰 무리들은
시베리아 수림 어디쯤을 걷고 있을까
투명한 내실이 보이는 열차 안
붉은 시트 식탁 위에 찻잔이 흔들리고 있다

오후 3시 터널을 막 벗어나오는
직렬의 객차 번호판이 숲과 숲이 이은
정착 역을 향해 질주하고 있다

앞으로 가야할 길은 삼백마일,
비늘 하나 벗기지 않은 연속의 물결은
통토의 땅, 어느 짐승들이 무심히 땅에 그은
빗금을 따라 가는지
멀리 간헐적인 총성이 들렸다
객실 안으로 회색 울음이 번졌다

저 무리들을 태운 열차는
사과 안으로 떨어지는 중력처럼
레일 위를 구르다 깊은 음각의 골짜기

여러 무리들과 만날 것이다

간이역이 없는 긴 시간을 지났지만
곡선의 굴절에서는
아직 연소되지 않은 경유냄새가 났다

자궁 같은 찻잔의 떨림이
굉음이 지난 어둠 속에 남아있다

열차의 여진에 달빛이 잠시 흔들렸다

| 시작메모 |

내 사는 근처에 용화산이라는 조그마한 산이 있다. 이 산 안에는 부대사격장이 있어 입산금지구역이 있다. 요 며칠 전 사이다 뚜껑을 따기 전 진공 상태를 엿보고 싶은 철조망 넘어 호기심에 내려간 그곳은 비밀스럼 자체였다.

내가 지금까지 편지를 받아왔던 그 빈 공간에서 새들이 깃펜과 자음 모음 시의 씨앗인 노루똥이 갇힌 산을 키우고 있었었다.

배귀선

/

사라진 오늘

폐업

죄라면 죄

/

2013년 「문학의오늘」로 등단. 전북도민일보 신춘문예 당선. 시집 『점멸과 침묵 사이』. 저서 『신춘문예 당선 동시 연구』. 원광대학교 출강.

사라진 오늘

익숙한 곳을 버리는 기러기의 밤
얼마나 외로워져야 오는 것일까 안락은
적막을 잃아눕는 해고
발자국을 따라나선다
발밑을 밀어 올렸던 푸릇한 들녘과
모르고 지나쳤던 수많은 내일
창가를 푸르게 채우던 봄도
가을의 익숙하지 않은 풍경도
자동차 꽁무니를 따라 흩어진다
출근할 세월이 사라져도 세상은
아무 일 없는 듯, 무서리
무서리 내린 뜰에 서서
온 길 자꾸만 뒤돌아보는 누군가
내 안에 남겨져 있을 것 같은
익숙함이 낯익은 아침
해가 낡은 창문에 턱을 괸다
뱀처럼 허물을 벗는 오늘은
제 길을 간다
나를 벗어두고

폐업

여기와 저기
밖과 안이
투명을 사이에 두고 우우

날기를 멈춘 날개가
유리창에 박힌다

아직은 따뜻한 솜털 받아든
짓눌린 가시덤불 사이

비상구 없는 층계,
어두운 계단을 올라 베란다에 서면
바닥을 껴안고 싶은 상상이
느닷없이 허공으로 발을 떠밀지

오르고 올라 지구를 한 바퀴 돌아도
식솔을 건사하지 못하는 일에 대해
골몰할 때

삶과 죽음의 완성은

경계를 허무는 것

새가 왜 제 모습을 찾아
유리창으로 날아드는지
불현듯 일어선 걸음이 새처럼 나는 것인지

단단한 허공에 부딪혀 보면 안다
날개의 이중성에 대해

죄라면 죄

툭, 가을 터지는 소리
텔레비전에서 익는다
단풍 드는 솔가지와 참나무잎과 도토리
덩달아 튀어오르는 공원

청설모와 다람쥐 마주 본다
수염을 고르는 적막이 머뭇거린다
다람쥐 행인처럼 네댓 개
도토리를 욱여넣고 사라진다

청설모는 저축의 왕
다람쥐가 오기 전에 땅을 판다 여기저기
은닉의 흔적을 덮는 손놀림
야바위처럼 재바르다

게임은 감정을 숨겨야 하는 법
은밀하게 살아온 성형을 도닥이는
오, 그대여 그대는

감춰둔 다섯 중 하나만을 기억한다지?

남은 넷에서 발아하는 의혹의 싹

청설모 눈이 튀어나온 것은
숨긴 이력을 기억하기 위함 때문이라는
까맣고 동그란

상상력이 죄라면 죄

안성덕

/

쉿!

돔방

그믐

명자꽃

프리스비

/

전북 정읍 출생. 2009년 〈전북일보〉 신춘문예 당선. 시집 『몸붓』, 『달달한 쓴맛』. 디카에세이 『손톱 끝 꽃달이 지기 전에』. 작가의눈작품상 리토피아문학상 수상. 원광대 출강.

쉿!

네 살배기 지니가
가만 귓불을 잡아끕니다
"속닥속닥"
이라고 속닥대더니
쉿!
참새 부리 만한 제 입에
검지를 댑니다
속닥속닥이
비밀이라는 건지
쥐도 새도 모르게 속닥거리는 게 비밀이라는 건지
입 봉하랍니다

"속닥속닥"
쉬이,
하마터면 오줌 눌 뻔했습니다

돔방

물려 입는 옷은 돔방했습니다 무녀리 아니랄까 봐 나보다 목 하나쯤 없었으니까요

풍년 든 어느 해였을 겁니다 장터 편물점에서 목이 긴 도쿠리*를 짜 입힌 건 할머니였습니다

할아버지와 겸상하며 자라처럼 빼 들던 목, 쑤셔 박고 싶은 적 많았습니다

야 좆 만한 놈아, 내 동생 왜 때려! 팔짝팔짝, 두어 뼘은 더 큰 수철이의 안 잡히는 멱살을 잡으려던

겨우 환갑에 죽은, 나보다 세 살이나 어린 형

팔꿈치에 구멍이 나도록 끝내 도쿠리는 물려주지 않았지요 반 토막 목이 허전해서였을 겁니다

털실 풀어 다시 짜면 내 목조차 돔방할세라 두려워서였을 겁니다

* 턱 밑까지 올라와 목을 감싸는 스웨터.

그믐

뭘 감추는 걸까
무슨 생각 그리 골똘한 걸까
깜깜한 그믐 말고
환한 보름에 들여다봐야 알 수 있을까, 달

슬며시 그대 손목 잡으려던 생각
절굿공이 맞잡고 쿵덕
쿵덕 찧으려던 방아
멋쩍어 그랬을까, 그대 모른 척했다
그믐밤이었다

끝내 안 보인
눈 감은 그 대답으로 나는 버텼다
달의 뒤편을 기웃거리며
한 쟁반 은근할 보름을 고대하며

곰곰 생각해보니 그대
어두운 그믐 같은 속내 보여준 거겠다
어느 가을밤 누님처럼, 달도
뒤돌아 소슬바람 소리로 옷 갈아입는 거겠다

안 보여 준 게 아니라 차마
못 본 거겠다

명자꽃

코끝에 스치는 바람 아직 차가웠습니다 꼼짝 않고 박혀 있던 막내 고모, 봄볕에 끌려 나왔을까요? 툇마루에 앉아 먼산바라기를 했습니다 습관처럼 한숨이 깊었습니다 품에 안은 고양이를 자꾸만 쓰다듬는 손이 옥양목처럼 희었습니다 나를 업어 키웠다는 막내 고모, 오 학년짜리가 알 수 없는 속병이 든 게 분명했습니다 문틈으로 가만 내다보시던 할머니가 주먹으로 당신 가슴을 치곤 했었던 성싶고요 그래요 생울타리 명자꽃이 유난히 붉던 봄이었습니다 고모는 세상에도 없는 노래를 속으로만 불렀습니다 아무것도 모르는 어린 나는 툇마루에 기대앉은 고모가 참 불쌍했습니다

사나흘 봄비, 처마 끝 낙숫물에 마당이 패었습니다 왜 고모 앞쪽이 더 깊게 패었는지는 모를 일이었습니다 문득 돌아다 본 막내 고모가 폐병 든 여자처럼 고왔습니다 명자꽃이 한창이던 이듬해 봄, 툇마루를 내려와 고모는 꽃가마를 탔습니다 대문 앞에 엎어둔 바가지를 밟고 서럽게 떠나갔습니다

프리스비

고! 고! 고!
사람의 목소리에 잔뜩 흥이 들어 있다
원반처럼 날아가는 개
뒤통수에 캐치! 캐치! 이제야 입이 풀린 듯하다

심드렁한 개 앞에
이리저리 원반을 돌리며 잔디밭에서
몸 풀었다 한동안 재롱부렸다

원반보다 빨리 뛰다가 천천히 달리다가
멈칫 멈칫거리며 바람처럼 날아오르며
개가 어르고 있다

다시 또 힘껏 던지는 사람을
낚아챈 원반을 물어다 주며 개가 놀리고 있다
재주 넘어 던져! 가랑이 사이로 던져!
한 개, 누 개, 다섯 개

개의 목을 간질이며 등을 쓰다듬으며 휘파람 불며
흔적뿐인 꼬리를 흔들고 있다 반려인이

맛있는 육포를 내밀고 있다

공원 잔디밭에 따라온 사람을 데리고 개가
일만 년 전 제 발로 산에서 내려온 늑대가
더 멀리! 더 빨리! 더 높이! 컹컹
짖고 있다

| 시작메모 |

봄 여름 가을 봄 여름 가을……
겨울은 없어도 좋겠습니다.

유수경

/

만경강에서

눈발

장마

/

시집 『갈꽃 스러지는 우리의 이별은』. 동화 『하늘 아래 첫 동네 밤티』, 『한내천에 돌아온 맹꽁이와 금개구리』 외. 스토리텔링 『바라지창에 꽃비 흩날릴 제』, 『밤티에서 서해까지 물길 따라 200리』, 『서학동 문화유산답사기』 등.

만경강에서

개망초 흐드러진 강둑에 이른 노을이 지고 있었다
지치도록 동네를 후비고 다니던 우리는 강물이 흘러가는 길을 따라
긴 그림자를 늘어뜨린 채 한참을 서 있었다
비릿한 바람이 둑을 넘고
핏빛 노을이 만경 들녘을 적시는 해 질 무렵이었다.

가끔은 강물처럼 흘러가고 싶었다
측백나무 늘어선 마을 어귀까지 밀려온 장마는
해를 거르지 않았고,
가끔 성질머리 사나운 바람을 끌고 와 세간살이를 때려부수곤 했다.
우리는 또 강에 나와 가늠할 수 없는 둑의 높이와
강물에 휩쓸려 가는 무수한 시간을 짓무르게 바라보았다

어둠이 밀물로 들어와 앉은 날은 언제나 정전이었다
철들지 않고 곰삭은 것들은
한 집 건너 한 집 썰물처럼 빠져나간 가장의 안부처럼불안했고,
또 하루는 강둑으로 밀려오는 안갯속을 헤집어 가는 것

이다

그럭저럭 살아지는 날,
강 그을음으로 일어서는 저 살붙이들 붙잡고 뒤척이다
한 번은 서럽게 울고 싶어 목이 메던 그 여름

눈발

초저녁 댓바람 불고 핏대 세우며 눈발 날린다
지워지는 발자국이 불안하여 자꾸 멈칫거리고
저만치 달아난 바람의 방향으로 휩쓸려 간 것들이
되돌아올 땐 가속도가 붙었다

허공에서 서로 엉겨 붙거나 밀어내는 눈발은
밤의 허기를 달래며 혼자 먹는 밥처럼
성가신 연민

가파른 언덕과 낮은 담벼락 사이
주택가 골목을 곡예하듯 오가는
배달 오토바이가 두 줄 선명한 나이테를 그었다
그 위를 길고양이가 언 발로 총총거리며 지나가고
마땅히 지워야 할 것처럼 서둘러 눈 내린다

선달그믐 달빛 없는 밤
창문을 할퀴고 가는 칼바람에 삭신이 쑤시고
눈은 더 내릴 것인가
침침한 어둠을 가르며 경비원이 포대 자루 서너 개

염화칼슘을 풀어 헤친다
그만하면 됐다, 혼잣말을 하며 잦아지는 눈발에
불 끄고 돌아누웠다

장마

아파트 화단에 청보라색 수국이
고봉밥처럼 풍만하다
밤사이 퉁퉁 부은 손발을 찬물에 담그고
간밤에 비가 내렸던가 청각을 더듬는다

밀린 빨래와 설거지를 하다가
산길과 마주한 창을 열었다
작년 여름 장대비에 쏟아진 토사가 아파트
분리수거장을 덮쳤다
족히 수십 년은 됐을 낡은 시멘트 담벼락을 뚫고
황톳물과 자갈이 질퍽하게 내려앉았다

지질하게 내리는 장마가 보름을 넘기고
집집마다 배설한 잡다한 것들이
악취를 풍기자 경비실 문턱이 요란해졌다

비가 더 내릴 거라는 일기예보는
별 한 점 뜨지 않는 사막이 되고
불안을 자각할수록 예측할 수 없는

것들이 늘어만 간다

습한 더위로 잠을 설치고
조막손만 한 햇살이 간절해질 때
포클레인 두 대가 비탈길에 올랐다

오동꽃 지고 이파리 무성한 볕 좋은 날
지난여름 잔혹동화는 설거지통에 쓸어 담고
밤꽃 흐옇게 피어 내 맘이 싱숭생숭해지는
그런 오후다

이강길

/

월식

그 사내

어느 봄날

11월

배롱나무 앞에서

/

임실 출생, 2010년 《문학광장》 신인상. 2020년 《리토피아》로 등단. 시집 『야생으로 돌아간 고양이』.

월식

그러니까 바퀴벌레 한 마리가 갑자기 튀어 나오지 뭐야. 시클라멘 화분을 들고 욕실로 향하던 밤이었어. 저면관수 중인 물을 버리기 위해 화분을 들어올린 순간, 수직상승한 바퀴벌레 한 마리가 손목 위에서 쭈르르 미끌리더니 욕실 바닥으로 추락하는 것 아니겠어. 나는 한밤중이 어처구니없는 상황에서 잠시 주춤거리다 거의 반사적으로 발을 내뻗었지. 그리고 유명 탭댄스선수처럼 발바닥을 이리저리 놀렸어. 이런 나를 비웃듯 반질반질한 즉석 무대를 돌며 왈츠를 즐기는 이 무단침입자. 나는 머릿속이 점점 하얘졌고, 급기야 샤워 꼭지를 틀어 그를 지하감옥으로 보내고 말았지. 이를 지켜보던 붉은 꽃은 고개를 천천히 돌렸어. 그날 밤, 나는 침대에 누워 어른거리는 그림자 하나를 오랫동안 바라봐야 했지. 그렇게 밤과 아침의 간극이 좁혀지고 있었어.

그 사내

키 160센치도 안 되는 사내

어렸을 때 연날리기를 좋아했다던 사내

시장통 내 제일 잘 나가던 신발집 막내로 태어나

그 많았던 재산도 사기꾼 같은 마누라도 사라지고

공사판에서 비계를 아슬아슬하게 오르던 사내

5층 이상 아파트에 한 번도 못 살아 본 사내

쉰여덟 나이에 간경화로 생을 마감한 사내

코로나로 인해 조문객도 뜸한 때 임대료가 제일 저렴한

봉안당 가장 높은 칸에 누운 그 사내

어느 봄날

정년을 얼마 안 남기고 주변 정리를 하기로 마음먹었다. 혹 자식들에게 짐이 될까 봐 부모님 유택幽宅을 정리하기로 했던 것. 비만 오면 쓸려 내려가 인생 말년의 어머니 젖가슴 같이 뭉개지곤 하는 봉분을 헐고 그 자리에 작은 묘비석 하나 놓아드렸다. 가장으로서의 모습보다는 사주, 관상책을 들고 한 달이고 두 달이고 객지를 떠돌다 집에 돌아오는 분, 막걸리 한 잔에 창을 하시기도 하고, 동네에 초상이 날 때마다 명정 글씨를 도맡아 쓰셨던 아버지는 풍류를 아셨던 농부라 적었다. 아버지의 풍류가 깊어질수록 살림을 도맡아 하셔야 했던 어머니는 호미 든 손이 아름다웠던 분이라고 새겨드렸다. 처음엔 풍류를 원 없이 즐긴 분이라고 쓸까 했지만 불경스럽다는 생각이 살짝 들어 생각을 바꿨다. 그런데 그 풍류로 인해 한쪽 가슴에 멍이 생기신 어머니 얼굴이 찔레꽃 위에 자꾸 어른거렸다. 산에서 내려오는데 해가 저물도록 밭을 갈던 소 한 마리가 자꾸 뒤를 돌아보고 있었다.

11월

숫자 두 개가 나란히 일어서는 11월,
제 몸의 무게에 겨운 낙엽들이
생을 내려놓는 오솔길에 든다.

발걸음이 더 잦아드는 산사엔
저녁내 산을 타고 내려온
붉은 물결들이 가쁜 숨을 몰아쉰다.
은행나무 갈라진 잎새 끝에서는
숨 쉴 때마다 K-94마스크가 들썩거리는
한 무리가 몰려와 문안하고
동네 횟집 한쪽에서는 그간에 몸이 불어난
늙은 광어가 늦게까지 몸을 판다.

천변 모래톱 더벅머리 무리들,
낮 동안의 수다를 내려놓고
바깥세상의 소란스러움이 궁금한지
밤새 출렁거리다 소곤거린다.

배롱나무 앞에서

입추 지난 말복 즈음
붉은 토마토주스 한 잔 들고
30년 하고도 6년을 더 다니는
회사 사무실 주변을 서성거리다
배롱나무 무리들과 마주 선다.

해마다 이맘때가 되면
빛바랜 추억 하나씩 들고 오는 저 물결,
몇 달 전부터 회사 내에 광풍처럼 다가온
아픔들이 아직도 들썩거리는 언저리에서
멀리 떠나간 사람들 뒷모습을 더듬거린다.

더위를 못 견디고 시들어가더니
이제는 고단한 몸을 누이려는 걸까,
하얀 회전목마에 걸터앉아
전주천 돌아 먼 동화 속으로 떠나려 한다.

노병처럼 우두커니 서 있는 그들에게
마음 한쪽을 들킨 듯
갑자기 내 눈시울도 붉어졌다

| 시작메모 |

작년에 36년 동안 다녔던 회사에서 정년을 맞았다. 1985년, 참으로 무더웠던 여름으로 기억된다. 지원한 회사가 무슨 일을 하는지도 모른 체 입사한 후 꽤 오랜 세월이 흘렀다. 정부의 국토정책을 수행하는 최전선에서 땀도 많이 흘렸고, 민원인으로부터 욕도 많이 먹어야 했고, 사업준공 기한에 쫓겨 애간장도 많이 태웠다. 그간 경찰 참고인조사 3회, 법원 증인출석 2회도 다녀와야 했다. 그래서 인천남동공단, 군장국가공단, 동탄신도시 등을 지날 때마다 감회가 새로운지도 모르겠다. 그리고 무엇보다도 개성공단 조성을 위해 북측 경제일꾼들과 평양, 개성, 금강산을 오가며 참으로 어렵고 긴 시간을 보냈다. 묘향산계곡에서 북측 여성과 서로 마주 보며 노래도 불렀고, 개성 자남산여관에서 한겨울에 머리를 감다가 기절할 뻔도 했다.

회사를 다니던 중 얼떨결에 등단한 지 10년이 넘었다. 그간 시인으로 제대로 살아갈 자신이 없어 세상을 기웃거린 날이 더 많았다. 그래서 시인이라는 것이 때로는 겸연쩍었다. 어쩌면 앞으로도 그럴 것이다. 그렇지만 이제는 시詩 앞에서 덜 미안했으면 좋겠다. 이제는 시를 생각하고 바라보는 날들이 많아졌으면 좋겠다. 나의 창가에 시심이 머무는 시간들이 조금씩 더 길어지길 소망해 본다.

이세영

/

임피역
확인
엄마 없는 집
갱년기 증상
봄까치꽃

/

정읍 출생. 2015년《문예연구》로 등단. 전국계간지우수작품상 수상.

임피역

함께 가겠습니까?
네.
돌아오지 못할 수도 있습니다.
네!

그날부터,
여행 중이다.

묻지도 않고
대답도 없이

돌아갈 길은 보이지 않고,
아직 돌아갈 마음도 없다.

확인

자식들 전화 1, 2, 3, 4
나온 순서대로 번호를 매기고도

엄마, 내가 정신이 이렇다 잘못 눌렀어야
첫째한테도 둘째한테도 똑같은 말
엄마, 잘 보고 눌러야지 참
첫째도 둘째도 매일 똑같은 말

아침저녁으로 부르고 대답했는데
이제, 아무 말이 없다
잘못 눌렀어야, 소리도 못 듣고
잘 보고 눌러야지 참, 그 소리도 안 한다

사랑해요 엄마 미안해요
카카오스토리 프로필에 엄마 얼굴 넣고
오늘 해지한 번호 두근두근 눌러보니

지금 거신 전화는 없는 번호입니다
다시 확인하신 후 걸어 주시기 바랍니다

엄마 없는 집

딸네 집으로 옮기고도 마음은 옛집에 두고
저녁마다 몰래 마실길 내던 엄마

새 주인은 집을 새로 짓는다 하니
엄마 손길 닿은 곳 다 헐고
예쁜 전원주택 올린다 하니

한 뙈기 놓은 고구마순도 훑어야 하고
담장에서 흘러내린 호박넝쿨도 거둬야 하고
아파트에 갇혀 마음만 바빴는데

쓰지 않는 독 몇 개 남은 장독대에
봉숭아 기울어 씨앗을 흘리고
가을볕 누웠다 가는 마루에는
누군가 늙은호박 얹고 갔다

엄마 없는 집에 와서
엄마가 쓰던 막대기 들고
고구마순 뒤적 호박잎 들썩
엄마처럼 서 있다

갱년기 증상

지난날을 더듬는 버릇이 생겼어
그때 대책 없이 왜 나를 사랑했느냐고
슬쩍 건드려보는 저녁 밥상머리

마주 앉을 때 재빨리 걸어보는 말은
함께 먹어도 적적한 밥상에 놓이는 밑반찬 같아

말하지 않아도 말이 되고
생각만 해도 마음에 꽉 들어차던
좋아서 죽고 못 살던 시간은 지나갔다는 말인데

나이 들어 말이 많아지는 것은
어쩌다 시큰둥한 반응에 기대어도 등이 따습고
혼잣말로도 스스로 다독이며 하루 건너는 방식인지도
몰라

드라마 다음 장면을 서로 맞히고 피식 웃다가도
울컥 올라오는 화를 한 줌 뭉쳐 던지기도 하는 말들

저런 드라마 보면 당신은 참 괜찮은 여자야

이런 멍충이 불륜 아니면 괜찮은 여자냐
한바탕 따지려다가 국 한 술 더 떠주는 여자

나이 들면서 사랑의 표현은 잔소리로 변하고
국 한 사발 들이켜고 돌아선 사람 등에도 얹히니
오늘 저녁 내 유일한 빽은
당신 멋진 여자야, 무심코 던진 저녁 밥상

갑자기 얼굴이 화끈거리는 건
갱년기 증상이라는데

봄까치꽃

처음 난 햇빛만으로 좋은데
톡톡 올라오는 빛은
파랗다가 하얗다가
시린 무릎 구부리면
따끔따끔 쪼아주기도 하는
별

어느 하늘에 박힌 골똘한 생각이
꽃샘바람 타고 날아왔을까
담장 아래 검불 속에서 잠들었다가
발소리에 꿈을 깨고
깜박깜박 피어나는
눈

우주를 한 바퀴 돌아와 이곳에 떴으니
봄비 그친 오후 눈 마주쳤으니

이제부터 우리는 봄날
한 동네에 함께 뜬 별의 시간
오랫동안 감춰둔 말 반짝반짝 켜고

눈빛을 나누는 시간

가장 먼저 들어온
기쁜 소식 들여다보는

| 시작메모 |

시간을 잃어버린 마을에 가서
기차를 타고 내리는 동안
장미 한 송이 피었다가 졌다.

녹슨 기차 옆 의자에 앉아
하늘의 편지를 받아 읽다가,
몇 장 답장을 보내면서 나는
또 엄마처럼 늙고.

시리던 봄
당신이 들려준 이야기를 쓰는,

이렇게 봄날이다.

이승훈

/

나무는

그해 여름

정물대와 양파

귀 가

인생

/

전북 군산 출생. 시집 『빈들의 소곡』, 『달개비 꽃 하늘』. 미술에세이 『감성 그 시간 속으로』, 『시와 그림 감성의 바다』. 마한문학상 수상. 군산대성중학교 교장.

나무는

비 오면 물 받아서
눈 오면 눈밥 뭉쳐서
이웃한 이슬을 모아서
나무는 날마다 별을 닦는다
저 별도 씻고
내 별도 닦고
저녁이면 지붕 위에 올라
등대로 지키는 바다를 만들고
가슴이 쓰린 사람에게 빛을 보낸다
빗속을 사색하며
눈 속을 걸으며
나무는 날마다 꽃으로 말하고
꽃들은 하늘을 향해
기도를 올리고 고백을 한다
하늘을 함께 보는 사람은
마음이 조금은 뒤돌아 갈 수 있겠다
아담이 이브를 만나던 곳은 아닐지 모르지만
억센 풀도 부드러운 풀이랑 살아
흐린 세상 없도록
오늘밤도 나무는 별을 닦아

그해 여름

아이들 만나서
행복했다
아이들은 행복했을까?
배롱나무가 창문 안을 기웃거린다
유리창에 비친 제 모습을 보고
붉은 얼굴로 뜨거운 여름을 알린다
못다 한 동화를 까치발로 서성거리며
교정에 머문 그해 여름
세월은 헌신 버리듯 던져지고
알맹이 없는 말만 허공에 머뭇거린다
순교하듯 꽃잎이 떨어져
씨앗을 준비하고 싶었다
땅 위에 버틴 그해 여름
생채기 갈기갈기 진물로
여태 서 있었지

정물대와 양파

팔레트에서 붓이 바라다보는 정물대
조연을 자처하고 기다리는
싹이 아직 자라나지 못한
양파가 짱짱하게 앉아 있다
그대로 암흑을 견디며
흙의 숨결을 골라
새싹을 키울 수 있었겠는데
벗어내고 벗기어져도
쓰라린 상처의 연속
달구어진 프라이팬 속 몸뚱어리는
매운맛에서 달콤한 혓바닥을 접수한다
뜨거운 사막을 지나야만
오아시스의 삶이 절실하다는
그 변함 없는 순금으로
어느 화가의 정물대에서
눈을 뜨고 있다.

귀가

대문에 들어서자
먼저 귀가한 참새들
홍시마저 없는 감나무 가지에
지녁 연회를 벌인다.
스마트폰으로 연락했겠지
메타버스 속 빠져드는 일행
가지 사이로 놀라 엎어지고 솟구치고
뺨에 흐르는 노을의 흔적을
어둠으로 싸고 있다.
둥지를 떠났던 시절
그 앞길을 별 하나씩
물어다 놨는가?
멀리 간 이름을
부르는 시간

인생

무당거미는 오로지 거미줄로 살아간다
바람 부는 날은 바람 부는 대로
생 잎사귀 날아오니 빗자루질 하고
안개 속에서는 안개와 함께
메타버스로 살아가는 세상에
그 옛날 그대로 살아가는 법을
고치지 않고
오솔길에 집 지어
날마다 수선하느라 바쁘다
나비도 이제는 그 신경망을 알 것인데

| 시작메모 |

떠나야 할 때가 있다. 긴 시간을 얽매이면서 바쁘게 혹은 바쁜 척 지냈다는 것이 별거 아니었다. 스스로 파고 들어간 무덤 같은 곳, 첫발은 선택했지만 그 환경에서 견뎌야만 했던 시간이었다.

아직 세상과 헤어진 건 아니지, 다시 곧추세울 명분을 세워야 하나! 그 경계에서 시라는 것이 살짝 건드린다.

이영종

/

사다리 타기 게임
굴곡시켰더니 굴국이 나왔어
소란에 당신이 내리찌어

/

2012년 〈전북일보〉 신춘문예 당선.

사다리타기 게임

네 입으로 고르지만 정해져 있는지도 몰라 머리에 있던 것과 손에 있는 걸 곱해봐 기쁨에 값이 있다면 손뼉을 칠 거야

불도저 모르는 새 같아 글피도 이 우림에서 밥 먹으리라는 믿음을 물어오는
줄사다리로 달님 집에 올라갈 수 있다면 토끼 가족이 손을 내밀어 줄 걸
헬기가 지르는 '야호'가 꼭 조종술을 익힌 것은 아니야 손톱에 눈알 넣어주고 실크로 허리 감아주는 투명 망토를 생각해 봐
누가 달빛을 쳤는지 심부름 가는 길은 간간해
낙하산과 바이러스를 욕에 넣고 돌릴 뻔했어
네가 붙임쪽지라면 수증기 한 냄비 삶고 있는 점성술사에게 가지 마 너의 얼개 알 수 있게 차례 부분에 붙여
창고에 갇힌 시래기 빛은 저녁 내기를 걸면 돼 누구나 선 하나씩은 가지고 태어나거든

나를 펼쳐 뒤로 접으면 이끼 넷이 하늘 하나에 쏟아질 거야 페르시아 유리병에서 자각몽까지 무얼 골랐어도 마찬가지야 그래도 세로선 거꾸로 놓고 살면 재미없을 걸

굴곡시켰더니 굴국이 나왔어

낙타와 노트르담 꼽추가 사막에 누워
달의 설명서를 읽는다 구부정함이
아기호랑이처럼 잠든다

처음엔 굽이쳤다 '오' 하고 슬픔 먹던 소리 아직도 남아
있는 화산암
산양 뿔 출렁거려 내리막 내려간다 벽지로
달음질치는 귤의 뜨거운 깨금발

저 빨간 줄무늬 양말은 시린 바람 신으라고
몰래가 몰래 걸어놓고 간 것 같다

산꼭대기가 공을 던졌다 놓쳐서 하늘을
오려 붙이는 일을 직업으로 하는 콜라주가 태어났다

평소가 평소여서 생크림이 해사하다 때맞춰
휘영히게 내리는 비 같이 맞이 오목헤지고 싶은 눈빛

영화 끝난 줄 모르고 둥글어진 연인의 잠 등줄기에 넣고
춤추어라 굴려라 핀들 다 쓰러지게

소란에 당신이 내리쬐어

개펄과 허공중을 밀고 가는 생김새와 마음씨가 달라 살이 껍데기를 밀어 올려도 떨어지지 않습니다 돌아눕는 소리가 달라 조개무지는 편안합니다

전공이 가지가지인 나무와 풀이 시끄럽습니다 산길에 들어선 갈퀴진 그늘도 금방 폅니다

생각은 구름 같아 같은 적이 없습니다 구름이 무심코 같은 말을 내뱉고는 서로 얼굴을 가리키며 깔깔깔 웃는 것도 그 때문입니다 생각이 구름을 구름이 생각을 끌어당기느라 따로 떠있습니다

그믐달이 반달을 지을 때 어둠을 끓여 들이는데 색색일수록 잘 들어간다고 합니다

BC는 들었지만 당신을 알게 된 날 앞뒤로 시대를 나누는 연애는 처음입니다

| 시작메모 |

'세렌디피티'라는 영화를 보았다. 세렌디피티serendipity는 "완전무결한 우연으로부터 중대한 발견이나 발명이 이루어지는 것"을 말한다. 이 영화에서는 초인과로 인해 일어난 일을 보여 주지는 않는다. 물론 마지막 남은 장갑을 서로 잡는 첫 만남은 완벽한 우연이다. 그러나 남자와 여자는 이름과 전화번호를 지폐와 책에 쓴다. 그다음은 운명에 맡긴다. 그걸 세상에 날려 보내고 기약 없이 헤어지니. 그리움이 만드는 처절한 자유 의지를 목격하는 것이 이 영화의 훈훈한 미덕이다. 나도 열정과 무심의 발을 달았으면 좋겠다. 꼭꼭 숨어 발견할 가망이라고는 없는 시의 얼굴을 찾아 먼 길을 뒤지면 마음은 착해지겠다.

임백령

/

애도哀悼

검은 그림자

죽은 시신의 원한

엽기적 만행蠻行

/

남원 출생. 2016년《월간문학》으로 등단. 시집『거대한 트리』,『사상으로 피는 꽃 이념으로 크는 나무가 어디 있더냐』,『미얀마 미얀마 오, 광주 Myanmar Myanmar Oh, Kwangju』등.

애도哀悼

먼 나라에서 총을 쏘아 사람을 죽이면
천만리 내가 여기에서 피 흘리며 죽네.
죽은 사람이 찾아와 내 총상을 어루만지네.

먼 나라에서 학살된 사람을 두고 어떤 이가 통곡하면
다음 생을 살던 내가 그때에도 함께 우네.
전생의 어느 울음소리 나를 불러 흐느끼게 하네.

오랜 훗날 먼 나라를 여행하다 나는 한 곳에 멈추네.
그 자리에 바쳐져 시들지 않는 한 떨기 꽃의 비밀
가슴속 핏줄 한 가닥 꺼내 뿌리를 만들어 심네.

검은 그림자

밤이 되면 검은 그림자가 길거리에 무리 지어 나타난다. 긴 그림자를 끌고 다가와 철문이든 콘크리트 벽이든 마음대로 건물 속으로 잠입한다. 어디든 무단으로 흘러들 수 있는 능력 납치해 끌고 올 자들의 리스트를 낮 동안에 정하고 주소지를 찾아 냄새 맡으며 접근하는 거친 발자국 소리가 어둠 속에 울려 퍼진다. 문을 부수고 내뱉는 욕지거리들이 낮과는 다르게 변성되어 한층 더 끔찍하고 괴기스럽게 길거리를 흔드는 소리의 검은 그림자.

그들 일그러진 몸통마다 들려 있는 살인 무기의 검은 그림자가 땅바닥에 쓰러져 있는 자의 목을 겨누며 위아래로 흔들린다. 끌려 나온 사람이 그림자로 들리면 끌고 가는 데 성공하는 것 가로등 조명 앞에서 어김없이 무차별로 이루어지는 폭행 발자국 그림자 검은 군화로 무자비하게 가격한 뒤 네 명의 검은 그림자가 사지를 들어서 차에 던져 넣는다. 올 때와는 반대편으로 긴 그림자를 끌면서 사라지는 살인자들

어느 비밀스러운 골방에서 고개 숙이고 있는 한 사람을 두고 여러 검은 그림자가 고문을 가하는 현장에도 조

명이 어둡다. 벽에 줄지어 있는 살인 도구들의 검은 그림자가 일어섰다가 바닥에 던져져 그림자를 잃으면 앉거나 서 있던 자도 쓰러진다. 길거리에서 쏘고 끌어온 자의 뱃속 장기를 뽑아내기 위해 길게 가르고 꿰매는 손길이 검은 그림자로 벽에 비치기도 한다.

살아 있는 자들이 햇빛을 받고 걸어다녀야 할 길거리 간밤 그곳에서 검은 그림자들에게 체포되어 그림자로 끌려간 자들은 다음날 시체로 그 자리에 던져져 사람들의 눈에 발견된다. 검은 그림자를 처음부터 끝까지 지켜보던 가로등 불빛들도 꺼져 납치된 사람 행방을 모른 채 밤이 들고 검은 그림자들은 다시 온다.

죽은 시신의 원한

목에서부터 배 아래까지 꿰맨 저 시신은
장기를 빼앗긴 빈 육신의 장례 전 사후 처리이다.
몇십 년을 이어 왕성하게 움직여야 할 인체 조직들
멈춰 버린 차가운 원한의 몸뚱이가 기회를 노려
언젠가 포승줄이 되고 족쇄로 옥죄고 철퇴로 바뀌어
쿠데타 옹위 세력들을 무참히 참살할 것이다.

길거리 나뒹구는 시신에서 흘러나와 굳은 저 검붉은 자국
피는 피를 부를 것이다. 용서를 구하지 않는 죄악은
반드시 징벌을 받을 것이다. 그들의 몸에 충만한 죄악의 피는
한 방울도 남김없이 빠져나와 이미 사라진 핏자국을 물들이며
앙상한 뼈만 남아 참회할 것이다. 아무도 없는 바닥에 깔린 채로

저 관 속에 누워 있는 시신들 너머 눈을 감지 못한 사람들
눈을 떠도 눈을 감아도 이제는 아무것도 보지 못한다.
눈물을 흘리며 얼굴을 쓸어 주는 산 자의 모습을 볼 수 없지만

그러나 마지막 순간은 똑똑히 기억한다.
자신을 향해 방아쇠를 당긴 자의 한쪽 눈을 감은 모습

그의 귀는 남아 있는 자들의 통곡 소리를 들을 수 없어도
죽여 버려! 쓸어버려! 내뱉던 욕지거리가 아직도 귀에 맴돈다.
자신의 몸과 관을 장식한 꽃향기는 코로 냄새 맡을 수 없어도
목숨이 끊어지기 전 자신의 몸에서 흘러나오던 피의 향기는
그의 코에서 생생히 피어난다. 오직 혼자 알고 있는 선명한 감각
그는 아직도 죽지 않았다. 그래서 그의 원한은 살아 있다.

엽기적 만행蠻行

3월 27일 군인의 날에 맞선 혁명의 날
자녀 4명의 과자 팔던 40세 남성이 Mandalay 거리에서
산 채로 불태워져 뼈만 남은 상태로 발견되었다.
3일 뒤 30일 South Dagon 56 Ward 버스 정류장 근처에서도
한 청소년의 불에 탄 시신을 시민들이 목격하였다.
연기가 피어오르는 채 전 세계로 퍼진 사진 몇 장

하얀 연기로 변해 버린 죽은 사람의 살과 피가
뼈에 다시 엉겨붙어 생명을 되살리려 해도
자신을 뜨겁게 불태운 방어용 바리케이드 골조인
수없이 겹쳐진 가는 철사 위와 검은 재 속에서
스스로 마지막 모습을 고발하고 있을 뿐이다.

깨어져 나간 정수리 두개골과 뒤틀린 아래턱
몸통으로부터 분리되어 떨어져 있는 다리뼈 등
싣고 가기 힘들어 불사를 정도로 망가뜨린 시신
살상 행위의 추정은 가능해도 알 수 없는 것은
왼손을 들어 하늘을 가리키고 있는 희생자의 모습
너무도 참혹해 진실의 종적을 떠올리기 힘든 상황

무조건의 살해와 폭행에는 아무런 이유가 없다.
단지 잠재우는 임무와 죽어야 할 의무밖에 없다.
반항하면 따지지 않고 사라져야 한다고 생각하는 저들
무자비한 악행을 향한 집단의 원한과 분노가 앞서다 보면
죽임당한 개인의 원한과 가족의 분노는 묻히게 되지만
눈감을 수 없는 원한과 분노는 복수할 것이다.

밤마다 살인자는 살이 불살라지는 악몽에 시달릴 것이다.
그의 행위는 제 눈 속에 뼈로 박혀 빠지지 않으리라.
죽여서 불로 태우는 저와 죽어서 불로 태워지는 저로
1인 2역의 행위를 주고받으며 영원히 고통을 맛보리라.
머리에 손을 얹으면 깨진 두개골로 손이 빠지고
빠진 눈 속을 후비는 자신의 살아 있는 행동에 흠칫 놀라
누운 다리가 손가락 없는 뼈마디 팔이 되어 벌떡 올라
붙을 때
깨져 버린 턱과 잇몸 없는 이빨이 비웃으며 조롱하리라.
파시스트들의 뼈로 바르카라 협곡을 채우리라

2021년 9월2일 미얀마 양곤 바르카라 고가도로에 매단 현수막 글씨

"파시스트들의 뼈로 바르카라 협곡을 채우리라"

그들의 핏물을 모아 그 아래 저주의 강을 흘리리라

뼛가루의 먼지가 새처럼 날아올라 협곡에 갇혀 미친 춤을 추리라

뼈의 구멍 속으로 바람이 불어와 괴성의 노래를 부르리라

그들이 죽인 자의 눈 감은 고통이 찾아와 은총으로 내리리라

한 명씩 다시 살아나 협곡 칼날 바위에서 처형되어 추락하리라

모든 것 죽어 사라졌어도 공포의 신경은 피어나리라

서로 뒤엉켜 하나의 거대한 생명을 이룬 파시스트들은 연대하리라

무한한 공포에 치를 떨며 두려워하는 자신이 자신을 낳으리라

아무도 용서하지 않고 하늘도 구원하지 않으리라

그 위를 지나는 사람들은 불현듯 치욕의 역사를 떠올리리라

입안에 키운 분노의 덧니와 침을 협곡 열차 위에서 뱉어 내리라

아무것도 없는 텅 빈 골짜기에 복수의 까마귀들 날아오르리라

숨겨 둔 죄악의 뼈마디를 찾아와 층층이 무성한 집을 불리고 지켜가리라

협곡에 뼈로 쌓인 자들은 지나간 모든 악업이 똑똑히 보이리라

자신의 죄가 뼈마디 무게로 덮쳐 자신을 억눌러오리라

고통의 협곡에서 영생하며 아무도 빠져나올 수 없으리라

| 시작메모 |

한 시인이 구금된 지 하루만에 극심한 심문과 고문으로 생명을 잃고 내부 장기가 없어진 상태로 시신을 가져가라는 통보를 받는다. 어떤 시인은 민족을 돕기 위한 자선 모금 행사를 하다 잠시 들른 친구 집에서 정체불명의 테러리스트에게 휘발유로 불태워진다.

미얀마의 참상이다. 작년 2월부터 5월까지 도저히 참을 수 없는 살상 행위를 트위터로 지켜보며 시집을 하나 만들어 냈다. 거기에 있는 것들에 그 후의 작품 하나를 추가하였다. 그 시집을 수개월 동안 들고 도처에서 셀카를 찍는 의식을 행해 왔다. 마치 그래야만 하는 것처럼.

장종권

/

봄, 꽃
아버지

/

김제 출생. 1985년《현대시학》추천완료. 시집『전설은 주문이다』외. 장편소설『순애』. 창작집『자장암의 금개구리』. 미네르바문학상 외 수상. 계간 리토피아 주간.

봄, 꽃

어머니 꽃 따러 가신다
오는 봄도 더디다 하며 성큼성큼 떠나신다

아흔아홉 강을 건너고
아흔아홉 산을 넘으신다

가시다가 저어하면 고닥 돌아오시라
말씀도 듣는지 마는지
오는 봄 손 내밀며 다급하게 떠나신다

장독대 주변 가득 가꾸신 꽃 다 버리고
새 봄 새 날 꿈꾸듯 춤추며 꽃 따러 가신다

아버지

어머니가 종종 아버지를 찾아오신다.
눈만 감으면 시도 때도 없이 찾아오신다.
시집 올 때 입었던 색동저고리 입고 오신단다.
가만히 쳐다보다 돌아서는 어머니 불러 세우며
용돈이 없기라도 한 것이냐, 내가 주마.
황급히 쫓아나가도 영 대답이 없으시단다.
눈 뜨면 사라지는 어머니 만나기 위해 아버지
오지 않는 잠 주무시려고 밤새 씨름하신다.

| 시작메모 |

어머니 돌아가신 후로 아버지께서는 밤사이 자주 어머니를 보고는 하시더니, 눈 감으시기 전에는 어머니 아직 살아계시다고 굳게 믿으셨다. '느 어머니 좀 오라고 해라. 왜 안 온다냐.' 저승에 가시어 어머니 찾아다니지 않고 그저 기다리기만 하신다면 이를 어쩐다냐.

전창옥

/

뭘

임제탁발화臨濟托鉢話

하안거

똥간에 단청하다

/

전주 출생. 1976년 단편소설 「동그란 시간 속의 시계」 발표. 《동서문학》에 「지리산 그늘」 등 발표.

뭘

내 잠시 산에서 내려와 저잣거릴 어슬렁댔지
두 눈 가리는 머리칼 귀찮아 팍, 밀어버린 날
고사告祀땡중으로 알고 사람들 뭘 자꾸 물어보더라고
그 뭘 나 역시 도통 알 수 없는 뭣이라서

여름이 으르렁대는 내 몸뚱이 속도
복날 품속 얼음과자 저들 맘도 아닌
칠보집 주모 곱빼기 땀 젖통 같은
우허사 반들반들한 동자승 머리통 같은

임제탁발화臨濟托鉢話

미물의 날개도
아가미가 진화한 거야
식은 밥이라도 얻고 싶으면
입 닥치고 날아나 보시던지

창공에 어지러운 배곯이 드론 떼

어쭙잖은 놈
식은 밥이라도 얻어 먹고 싶거든
공염불 닥치고 어디 날아나 보라구

하안거

대포집에 앉아 맹하 더위 피하는데
잔 엎어놓고 청신녀는 가버리고
독오른 청양고추 된장에 푹,
삼배, 삼배, 십팔배……

법꽃 방울방울 주전자를 보듬다가
흰자위 번져가는 한쪽 눈 걸어 닫고
불목하니 똬리 틀어 술상 굽어보니
도리천 구산팔해 빈 잔에 떠 있거늘

똥간에 단청하다*

굼벵이 땅속 칠년을 칠일 울음으로 토하고
매미는 여름 껍질 벗고 훌렁, 갔는데
몸뚱이 끌고 가는 놈 누구인지 모른 채
칠십년 굴피 낯짝에 두껍게 분칠만 하네

* 厠間塗丹雘:『禪家龜鑑』第五五句.

| 시작메모 |

其如方寸莫能盡也。不宣。

지연

/

마지막 한 발 내려놓을 힘으로
폐경
청명晴明
메아리가 나를 부를까 해서

/

임실 출생. 2013년 《시산맥》신인상. 2016년 〈무등일보〉 신춘문예 당선. 시집 『건너와 빈칸으로』.

마지막 한 발 내려놓을 힘으로

미나리 잔뿌리 같은 눈물이 흐르는 날 있어

슬픔의 대궁에 금이 그어지는 그런 날 있어

뼈마디마다 체온은 슬픔에 관여하지

몸을 누인 어둠을 씻어내다가 돌 하나를 호주머니에 넣는다

돌이 신전의 돔 같아서 호주머니는 창문도 없이 슬픔을 보존한다

간신히 오리발로 말해도 온전히 오리발이 되어 들어준다

어죽에 손을 넣고 살을 으깨며 생선 가시를 발라내듯이

기도 없는 기도 악수 아닌 악수 용서 아닌 용서로

돌을 만진다 아라베스크 당초문을 그리며 만지는 돌은

신의 단단한 눈물, 강으로 가자

폐경

마당에 오래된 배롱나무가 있어요 내 나이 오십이 되어서야 배롱나무의 맨살을 만지네요 인도 카마수트라 사원 같다고 할까요 성교하는 단단한 조각품들이 나무에 새겨져 있네요 명상하는 표정으로 교합하는 자세라니 반듯하게 서 있는 자세라곤 하나 없이 비둘기였다가 도마뱀이었다가 낙타였다가 뼈와 뼈를 뒤틀어서 만나는 양각된 육체들 나무 속에 돌을 조각하는 사람이 지금도 살아 망치질을 하고 있어요 혈기왕성한 사람들이 배롱나무 속에서 맨살을 뒤틀어 올리는 붉은 체위라니 기묘해서 아름다운지 사는 게 아름다워야 기묘해지는지 수피를 잃어가는 내 붉은 꽃자리 아래

청명清明

청계가 알을 품다가 발로 밀어낸 것은 어김없이 심장이 식은 것이라 한다

심장이 깃 아래 다리 사이를 오간다
병아리가 본 하늘의 심장은 십오 센티 위이겠다

눈을 크게 뜨고 안심이란 언어로 세상을 읽을 때가 언제였더라

당근꽃 사이나 딱정벌레 날개에도 밀어낸 어둠이 있다
내 심장은 종종 흩어져 어둠을 누르고 가야 할 날을 셈했다

유월의 나뭇잎이 하늘의 깃을 털고 있음을 안건 오래지 않은 일

갸륵한 눈빛으로 나뭇잎이 흔들린다 나는 몹시 머리가 아파서 나무를 안았는데 나무에게 내가 안겼다는 것을 알았다

청계의 깃 같은 어쩌면 신의 깃털 같은 나뭇잎들이
느리게 나를 따라와 늘 그러하였다는 듯 심장을 발딱인다

살아서 낙오된 심장은 없으니 햇볕 안으로 걸어가기로
했다
머리를 숙여 하루를 쪼아 먹는 일이 나쁘지 않다

메아리가 나를 부를까 해서

땅 하나를 샀어 마당 자리에 흙더미를 쌓았어
집과 집 사이가 빼곡해서 작은 언덕 하나 만든 거지

물망초를 심어놓고 자연석을 하나씩 언덕 위에 올렸어
꽃이 언덕에서 먼 산을 볼까
별을 본다거나
그래 내가 떠나보낸 메아리가 나를 부를까 해서

언덕에 올라서 한 번씩 팔짱을 끼고 괜찮아, 충분해
나는 나로서 웃을 수 있을 것 같아

나는 다만 나를 향해 다른 공기를 줄 수 있을 것 같아
그런데 지나가던 사람이 무덤이라 하더군
마당 한가운데 무덤이 있다고

사는 일이 내가 떠나보낸 메아리 무덤 위에 오늘을 심는 일이지만

여보세요 깊이를 조심해요

메아리 무덤에 다리를 빠트리면 헤어나올 수 없어요

슬쩍 지나가는 당신들은 넘어지지 않으려고 애쓰면서
언덕을 보네 내가 얼마나 많은 구덩이를 파서 묻었는지

송곳니를 가진 바람이 나에게 와락 달려와도 좋을

| 시작메모 |

세밑이다. 나를 내려놓고 내가 숨 쉰 날들을 잘 보낸다는 것은 눈물겨운 일이다. 한 해를 보낸다는 말에는 수많은 골목이 숨어있다. 여기 작은 스티로폼에서 키운 파뿌리 하나, 부끄러운 손으로 내민다.

소망과 비애, 감사와 화해에 대한 시적 성찰

최상 시인

지키지 못할 약속을 하고 와서
하얗게 괴로워 한 일밖에 없다.
—졸시「뱀」

1. 소망의 노래에 비가悲歌 내리네

흐릿하다. 침침하다. 눈은 침침하고, 기억은 흐릿하다. 아무도 찾지 않는 뒤란 같은, 이제는 나조차도 발길을 끊은 지 너무나 오랜 내 마음의 헛간. 그 희미한 벽 어디쯤 젊은 날 한때 시밭(詩田)을 일구며 썼던 호미 한 자루 걸어 놓은 것도 같은데, 손이 닿는 여기쯤이든가, 마음이 가는 저기쯤이든가. 흐릿하고 침침하여 나는 그 호미를 찾지 못하고, 그 호미 또한 나를 기억하지 못한다. 돌이켜 정신을 차려보면, 헛간마저 사라지고 없는데 씻고 또 씻어내어도 호미를 덮고 있던 붉은 녹물만이 지워지지 않는다.

『지평선시동인 7집』 원고를 받았다. 어쩌자고 덜컥,

지키지 못할 약속을 하고 와서는, 나는 서서히 뱀이 되어 가고 있었다. 원고를 받아놓은 채 며칠이고 주변만 맴도는 뱀, 오래 적조한 시를 한 편이나 제대로 읽을 수 있을까 두려워하는 뱀, 작품에 사족을 달지나 않을지 기우하는 뱀. 바쁜 일상에 쫓기는 게으른 뱀. 이런 와중에 이 얼마나 다행스런 일인가! 창밖은 봄빛이 한창인데, 코로나 확진 판정을 받았다. 또아리 틀고 며칠을 몸져눕는다. 모처럼 의식이 자유롭다.

〈지평선시동인〉에는 고수들의 참여가 많은 듯하다. 그들이 심고 가꾸는 시의 노래 또한 다양하다. 이번 작품집에는 16인의 대략 70여 편 정의 시가 수록되어 있다. 각계 각층에서 생의 중후반을 살아가는 이들의 의식이 생생하게 엿보인다. 갈고 닦은 소담한 한 편 한 편이 모여 일궈낸 시야詩野가 드넓게 펼쳐져 있다. 발길은 먼저 소망의 노래가 들려오는 곳으로 이끌린다. 어쩌면 소망에 기대어 마음에 찌든 녹물을 씻어내고 싶었는지 모를 일이다.

비 오면 물 받아서
눈 오면 눈밥 뭉쳐서
이웃한 이슬을 모아서
나무는 날마다 별을 닦는다
저 별도 씻고
내 별도 닦고

저녁이면 지붕 위에 올라
등대로 지키는 바다를 만들고
가슴이 쓰린 사람에게 빛을 보낸다
빗속을 사색하며
눈 속을 걸으며
나무는 날마다 꽃으로 말하고
꽃들은 하늘을 향해
기도를 올리고 고백을 한다
하늘을 함께 보는 사람은
마음이 조금은 뒤돌아 갈 수 있겠다
아담이 이브를 만나던 곳은 아닐지 모르지만
억센 풀도 부드러운 풀이랑 살아
흐린 세상 없도록
오늘밤도 나무는 별을 닦아

—이승훈 「나무는」 전문

이승훈의 「나무는」은 소망하는 내용이 눈물겹도록 아름다운 시이다. 죽는 날까지 한 점 부끄러움 없기를 꿈꾼 윤동주의 서시序詩류이거나, "옛날 바닷가의 한 소녀는 내일이 오늘보다 낫도록 기도하며 살았다"는 G.밴더필드의 〈동화〉와 맥락을 같이한다. 그러면서도 나무와 동일시된 소망의 노래는 이승훈의 고유한 시혼(Esprit)으로 변주되어 읽는 맛을 더해주고 있다. 평이하고 간결하면서도 주제의 응집력이 강하며 확장력이 크다. 그만큼 기본기가 탄탄한 시이다.

나무의 소망에는 한 평생을 살아가는 시인의 인생관과 철학이 고스란히 내재되어 있다. 시인은 '밤마다 나의 별을 닦는'다. 이웃하는 별도 닦고, '가슴이 쓰린 사람에게 별빛을 보'내어 위로가 된다. 낮에는 '꽃으로 말하고 하늘을 향해 기도하고 고백'한다. 하늘을 함께 보는 사람이 되게 해달라고 말이다. 그런 사람들은 "영혼을 팔지 않고도 한 해와 작별할 수 있기를(도혜숙, 「에그타르트」 부분) 동시에 소망한다. 그리고 "나는 이제 어디로 가야하는가(도혜숙, 「길 위의 나날」 부분) 혼탁한 교육의 현장에서도 자문을 통해 별을 닦는 행위를 놓치지 않는다.

'별을 닦는' 나에서 출발하여, '별빛으로 소통하며' 너로 관계 맺고, '하늘을 함께 보는' 우리로 확대된다. 시인이 소망하는 세계는 태초의 에덴은 아닐지라도 '억센 풀도 부드러운 풀이랑 사는' 대동大同의 세상이다, 이것은 그냥 오는 세상이 아닌, '하늘을 함께 보는 사람'과 '뒤돌아 갈 수 있는 마음'으로 열리는 부단한 성찰을 통해서 가능한 세계이다.

그렇담, 궁극적으로 왜 밤마다 별을 닦고, 낮에는 꽃으로 말하는가? 그의 시의식의 출발점은 어디에 있는가. 마지막 부분에 그 답이 있다. '흐린 세상 없도록/오늘밤도 나무는 별을 닦는다'에서, 시인이 놓인 현재상황을 〈흐린 세상〉으로 인식하는 데에서 시의식이 출발한다. 이 때의 〈흐린 세상〉이 외부적 환경적 요인에서 기인하고, 나와 너와 우리가 부단히 밤낮으로 별을 닦는 성찰적 행위의 거듭남으로 변화시킬 수 있는 세계라면 얼마나 다행스런 일일까? 그와는 달리 〈흐린 세상〉에 대한 시의식의 출발이 실존적 존재의 근원적 슬픔에서 기인한 것이라면 그에 대한 해답은 그리 간단해 보이지 않는다.

비가 내리죠.

겨울에서 겨울로, 기다리지 않거나 서두르지 않는 십일월

누구든 들러가고 누구든 지나치는 길모퉁이
그 카페가 있는 줄 몰랐어요.

차가운 빗방울이 들여다보는 안

눈이 내린다 했던가요, 거긴
난로가 놓였나요. 끓거나 날릴 수 있다면

이 비도 안개처럼 자욱할지 모르죠

안과 밖의 차이,
쓸쓸한 건 마찬가질 걸요?

슬픔은 뒤집어도 변하지 않으니까

모두 우울해요, 우린 늘

내 것 보다 내 것 아닌 것들에 충실했거든요.

열려있거나 닫혀 있는
그 앞 서성거리지 말아요

그러다 또, 그냥 지나쳐버릴 거잖아요.

—김유석, 「새드 카페sad cafe」 전문

우울한 팝송이 묵직하게 흘러나올 법한 「새드 카페sad cafe」. 소망을 노래하던 이승훈의 「나무는」이 수직 상승의 긍정의 시어들인 것과 반대로, 「새드 카페sad cafe」는 '비가 내리죠'로 시작하는 첫 구절부터 하강의 이미지이다. 겨울에서 겨울도 그렇고, 저무는 한 해의 끝머리 11월도 그렇다. 기다릴 필요도, 서두를 필요도 없다. 그 곳을 들렀다가든 지나쳐 가든 인생을 살아가는 데 있어 슬픔과의 만남은 피할 수가 없다. 시인은 말한다. 나도 그 카페가 거기 있는 줄 몰랐다고 말이다. 바꾸어 말하면 인생을 살아가면서 슬픔이 불쑥 찾아올 거라는 걸 누가 알겠는가로 읽힌다.

상관없다. 슬픔은 우리가 자각하고 인지하고 있다고 해서 피할 수 있는 것도 아니다. '안과 밖의 차이,/쓸쓸한 건 마찬가지'며 '슬픔은 뒤집어도 변하지 않으니까' 말이다. 슬픔은 어디에서 기인하는가? '우린 늘/내 것보다 내 것 아닌 것들에 충실'했다는 술회에서 보여지듯, 욕망에서 기인한다. 모든 욕망하는 자 슬픔을 동반하리라. 욕

망은 살아있음, 존재의 다른 이름이다. 인생을 살아가면서 슬픔을 동반하는 것은 불가분의 관계이기에 서성거리지 말고 「새드 카페sad cafe」로 들어오라고 시인은 말한다.

그의 시 「금계錦鷄」에서 보이듯, 현실은 '아미 한 번은 버림 받'았기에, '구질구질한 지상 더는 달아날 곳 없는' 비애로 인식된다. 그런가 하면 그의 다른 시 「해당화」에서는 초경의 딸내미를 지켜주지 못한 홀어미가 감당할 수 없는 슬픔과 대결하는 그로테스크한 모습은 '망연한 바다를 마당에 들여놓고//울경울경 짓이기는/홀어미 붉은 입술'이라는 비유의 정점에 이르러 분노와 삭힘으로 피워낸 꽃이 해당화라는 섬뜩한 한국적 한恨의 미의식으로 승화된다. 통한痛恨의 짧은 서사와 서정이 혼재되고 압축되어 해당화로 피어나는 시적 궤적은 그 자체만으로도 탁월한 미의식의 성취가 아닐 수 없다.

2. 시時 쓰지 말기, 혹은 시詩 쓰기

다른 한편, 동인들의 시편들을 읽고 또 읽다가 나는 왜 시 쓰기를 멈추었나? 나는 왜 시를 쓰지 못하는가? 자문해보았다. 무능력과 게을러서라는 예전부터 준비해둔 답이 지체없이 나왔다. 잘했다. 참, 잘했다는 생각이 들었다. 세상에 좋은 시가 얼마나 많은데, 그거라도 열심히 읽는 독자가 되자. 그러나 일상에 찌들다 보니, 그마저도 맘처럼 쉽지 않았다. 이제는 시 한편 쓰지 못하는 시시한 사람이 된 지 너무 오래다. 시는 봄꽃처럼 지천인데, 자꾸만 비껴 살아온 것이다. 시는 어제도 오고, 오늘도 오고, 좀 전에도 왔을 터인데, 내가 마음을 열어주지 않은 것이다. 마음을 열면 시의 세상은 하늘까지도 닿는데 말이다.

시간을 잃어버린 마을에 가서
기차를 타고 내리는 동안
장미 한 송이 피었다가 졌다

녹슨 기차 옆 의자에 앉아
하늘의 편지를 받아 읽다가
몇 장 답장을 보내면서 나는
또 엄마처럼 늙고

시리던 봄
당신이 들려준 이야기를 쓰는

이렇게 봄날이다.

—이세영, 〈시작노트〉 전문

시에 못지 않는, 아니 시보다도 더욱 멋진 시작노트이다. 이세영 시인은 이번 『지평선시동인 7집』에 수록된 몇 편의 시에서 돌아가신 어머니에 대한 사무치는 그리움을 애잔하게 읊고 있다. 보고 싶고, 사랑하는 사람을 볼 수 없다는 자체가 슬픔이다. 생전에는 엄마와 소통

할 수 있었지만 이제는 주인 없는 전화번호가 된 그녀의 「확인」이라는 시와, 살아생전 엄마와의 추억이 서린「엄마 없는 집」도 나름 의미있는 한 편의 작품일 터이다.

그렇지만 '시간을 잃어버린 마을에 가서/기차를 타고 내리는 동안/장미 한 송이 피었다가 졌다' 로 시작해서 '이렇게 봄날이다'로 끝나는 〈시작노트〉에 담긴 엄마에 대한 그리움이 더 한층 아름다운 시로 빛나는 이유는 무엇일까? 단숨에 읽어도 상상력의 확장이 속도감 있고 진부하지 않는 세련된 표현에 따른 시적 긴장과 비유와 함축, 군더더기 없는 시적 언어의 경제성이 전체의 구조적 장치 속에 적절하게 연결망을 구축하며 형상화된 이유에 있다. 앞으로 더욱 좋은 시를 쓸 수 있는 자양분을 충분히 보여준 글이라 생각된다.

여기서 다시 고민 해본다. 무엇이 시가 되는가? 어떻게 해야 좋은 시가 되는가? 답은 간단하다. 시인의 눈으로 보면 된다. 시인의 눈은 어떻게 다른가? 늘 새롭게 보려고 골몰하고 진지해야 한다. 형식의 자유로움을 지닌 서구적 패턴의 현대시가 자리잡기 이전에 우리의 시문학은 일정한 틀을 지니며 향유 되었다. 예컨대 시조時調는 그 대표격이라 할 수 있다. 여기서 시조時調는 시조詩調가 아닌, 시조時調임에 주목할 필요가 있다. 때때로 가락을 뽑아 정해진 틀에 맞춰 읊었다는 의미이다. 좋게 말하면 시시때때 즐겨 읊었다지만, 나쁘게 말하면 매너리즘에 빠져 발전이 없었다 볼 수 있다.

내가 지금 쓰고 있는 시가 그렇지는 않은지, 진지한 시적 성찰을 해 볼 필요가 있지 않을까 싶다. '사랑 참, 어렵다 어렵다 몹시 힘들다'라는 유행가 가사가 문득 생각난다. 세상에 어려운 게 사랑뿐이겠는가마는, 시는 더 어렵다. 言+寺=詩의 조합이다. 말로써 절을 짓는다. 곧 언어로 독자의 영혼을 구원救援하는 일이니, 그 얼마나 힘들고 고된 작업이란 말인가! 내 시의 첫 번째 독자는 다름 아닌 나 자신이다. 스스로를 감동시킬 수 있어야 독자를 진정 감동으로 이끌 수 있다.

좋은 작품을 쓰기 위한 진지한 고민은 때와 장소가 따로 없다. 박재삼 시인이 어느날 스승이셨던 서정주 시인을 찾아가 어떻게 하면, 좋은 시를 쓸 수 있느냐는 물음에, "화장실 가서도 시를 생각하게"라고 일러주었다는 일화는 유명하게 회자膾炙된다. 우리는 언제고 시를 쓸 마음의 준비가 되어 있는 것이다. 「장미와 태양(박윤근)」이라는 다소 이질적인 대상이 지닌 유사한 매력을 발견하고 끈질긴 탐색을시도하거나, 또는 '꽁꽁 언 작약근을 옮겨 심고 싹이 나기를 기다리면서도, 「절필(기명숙)」'시를 생각한다.

그런가하면 실직의 고통이 찾아와 '출근할 세월이 사라져도 세상은/아무일 없는 듯, (중략) 뱀처럼 허물을 벗는 오늘은/제 길을 간다/나를 벗어두고 「사라진 오늘(배귀선)」라고 무정한 세상에 대해 나직한 시적 절규로 맞선다. 또한 장종권의 「아버지」에서 '어머니가 종종 아버지를 찾아오신다'거나, 안성덕의 「돔방」, 「그믐」, 「명자꽃」에서 보여지듯 추억 속의 그리운 사람을 시로 만나기도 한다.

어디 그뿐이랴? 「海東 됴선朝鮮 대도뎐大盜傳(문상붕)」이라는 제목에서 보이듯, 용비어천가를 패러디하여 '해동海東 됴션에 육도六盜가 나ᄅᆞ샤 일마다 천복天福이시니/동서고금古今 통 털어 이런 일 없었으니'로 시를 매개로 현실에 대한 신랄한 풍자와 비판을 서슴지 않는다. 그와는 대조적으로 '내 잠시 산에서 내려와 저잣거릴 어슬링댔지 (중략) 그 뭘 나 역시 도통 일 수 없는 뭣이라시' 「뭣(전창옥)」라며 개성이 강한 특유의 선문답식의 시상을 펼치기도 한다. 나아가 '깨어져 나간 정수리 두개골과 뒤틀린 아래턱/몸통으로부터 분리되어 떨어져 있는 다리뼈 등/싣고 가기 힘들어 불사를 정도로 망가뜨린 시신' 「엽기적 만행(임백령)」에서 보여지듯, 시적 공간을 확장하여 미얀마의 군부쿠데타의 만행을 시로써 고발하려 애쓰기도 한다.

이렇듯 나와 내 주변에 대한 시적인 관심은 자아와 세계와의 정서적 융합으로 변주된다. 한 편의 시는 이렇게 탄생되고, 독자와의 대면을 기다리게 되는 것이다. 시인의 의식세계와 독자의 의식세계가 시읽기라는 행위를 통해 비로소 의미가 창출된다. 시는 시인이 쓰되, 의미는 독자에 의해 새창출되는 것이다.

아래 인용한 a), b), c) 세 편의 시들은 독자의 시선을 끌어당기는 묘한 매력들을 지니고 있다.

a)

유모차와 나란히 해바라기 하던
서산 할머니 어디로 갔나,
보이지 않은 지 한참이다
밤이면 말갛던 봉창도
눈 감은 지 오래다

꽁꽁 술래 잡던 골목에
그림자만 서성댄다
녹슨 살림살이 나뒹구는
빈집 늙은 감나무,
홍시 몇 개 조등인 듯 달고 있다

고개 숙인 가로등 홀로
눈 뜨고 눈 감고를 반복한다
아슬아슬
그 섬을 지키고 있다

—김인숙, 「섬」 부분

b)

그러니까 바퀴벌레 한 마리가 갑자기 튀어 나오지 뭐야. 시클라멘 화분을 들고 욕실로 향하던 밤이었어. 저면관수 중인 물을 버리기 위해 화분을 들어 올린 순간, 수직 상승한 바퀴벌레 한 마리가 손목 위에서 쭈르르 미끌리더니 욕실 바닥으로 추락하는 것 아니겠어. -(중략)- 나는 머릿속이 점점 하얘졌고,

급기야 샤워 꼭지를 틀어 그를 지하 감옥으로 보내고 말았지. 이를 지켜보던 붉은 꽃은 고개를 천천히 돌렸어. 그날 밤, 나는 침대에 누워 어른거리는 그림자 하나를 오랫동안 바라봐야 했지. 그렇게 밤과 아침의 간극이 좁혀지고 있었어.

—이강길 「월식」 부분

c)

낙타와 노트르담 꼽추가 사막에 누워
달의 설명서를 읽는다 구부정함이
아기호랑이처럼 잠든다

처음엔 굽이쳤다 '오'하고 슬픔 먹던 소리 아직도 남아있는
화산암
산양 뿔 출렁거려 내리막 내려간다 벽지로
달음질치는 귤의 뜨거운 깨금발
저 빨간 줄무늬 양말은 시린 바람 신으라고
몰래가 몰래 걸어놓고 간 것 같다

산꼭대기가 공을 던졌다 놓쳐서 하늘을
오려 붙이는 일을 직업으로 하는 콜라주가 태어났다

평소가 평소여서 생그림이 헤시히디 때맞춰
휘움하게 내리는 비 같이 맞아 오목해지고 싶은 눈빛

영화 끝난 줄 모르고 둥글어진 연인의 잠 등줄기에 넣고

춤추어라 굴려라 핀들 다 쓰러지게

—이영종,「굴곡 시켰더니 굴국이 나왔어」

김인숙의「섬」은 노년을 홀로 외롭게 살아가는 서산 할머니가 어느날 소식마저 끊겨 더욱 쓸쓸하고 황량한 상황을 "섬"에 비유하고 있다. '녹슨 살림살이 나뒹구는/빈집 늙은 감나무,/홍시 몇 개 조등인 듯 달고 있다'에서 보여지듯, 할머니의 죽음으로 연상된다. 독거노인의 쓸쓸한 죽음을 고립된 '섬'으로 대응시키며 소외와 비애를 더욱 부각시키는 확장력은 감정을 절제한 시적 화자의 일관적 태도에서 기인한다.

이강길의「월식」은 대상의 움직임을 순식간에 그려내는 크로키적 기법에 닿아 있다. 한밤중 시클라멘 화분에 물을 주러 갔다가 발견한 바퀴벌레 한 마리를 죽이는 과정을 시적 긴장을 유지한 채 속도감 있게 산문시散文詩로 이끌고 있다. 시클라멘에게 물을 줘서 살리려는 행위와 갑자기 출몰한 바퀴벌레를 죽이는 화자의 행위는 극명하게 대비된다. 이 광경을 목도한 '붉은 꽃은 고개를 천천히 돌렸어'에서 밝히듯이, 자신이 아끼는 꽃에게 조차도 인정받지 못하는 화자의 행위는 이율배반적이다. 일말의 죄의식으로 아침이 오도록 잠 못 드는 상태를 달이 지구의 그림자 속으로 들어가서 달이 가려지는"월식"에 비유한다. 감추면서 드러내고 드러내면서 감추는 상상력의 연결고리가 흥미로운 시이다.

이영종의「굴곡시켰더니 굴국이 나왔어」는 발음의

유사성에서 말장난하듯 출발한다. 나아가 언어가 대상을 지칭하는 것이 아닌, 언어가 언어를 지칭하는 메타언어적 속성으로 인해 언어유희적 상상력을 촉발시킨다. '몰래가 몰래 걸어놓고 간 것 같다'거나 '평소가 평소여서 생크림이 해사하다'의 경우가 그렇다. '굴곡시켰더니'의(IN PUT)로 따라가면, 낙타→노트르담곱추→사막→달→구부정함→산양뿔→오목해지고 싶은 눈빛→둥글어진 연인의 잠→볼링핀들 이렇게 '굴곡'으로 시의 문면에서 지유 연상된다. 그러나 '굴국이 나왔어'에서 보여지듯, 여기에 대응하는(OUT PUT)의 연결고리를 찾기가 어렵다. 「굴곡시켰더니 굴국이 나왔어」라는 제목부터가 필연적 인과로 귀결되지 않는다. 이것이 이영종의 전체적인 시의 문맥이 쉽게 읽히지 않는 이유다. 시적 행위 주체와, 그들이 놓인 시적 공간, 나아가 대상과 시적 화자와의 거리 등등 이 모든 게 이질적인 조합으로 이루어져 있다. 제목의 「굴곡시켰더니 굴국이 나왔어」가 말해주듯, 일상적인 소통을 거부하며 출발하는 시이다. 어쩌면 시적 화자는 실내에서 벽지에 그려진 그림을 보고 있었는지 모른다. 그 곳엔 귤이 있으며, 빨간 줄무늬 양말이 놓여 있었는지도 모른다.

얼핏 이해가 쉽지 않는 이영종의 시에 주목하는 이유는 낯선 시적 문법이 주는 신선한 가능성에 있다. 화마가 할퀴고 간 잿더미만 남은 화재 현장에서도 발화점을 찾아 화재의 원인을 분석한다. 마찬가지로 한 편의 시에서 시의식의 출발점을 찾는 일은 매우 중요하다. 그러나

「굴곡시켰더니 굴국이 나왔어」의 제목이 말해주듯, 시 의식의 출발점이 언어유희를 동반한 메타언어적 속성에 기인한 것이기에 시의 문면에 동원된 시어와 시어들 사이의 상상력의 간극이 지나치게 멀게 느껴지는 것이다. 바로 이러한 점이 시를 읽었더라도 독자로 하여금 시의 의미파악을 어렵게 만드는 결과를 초래할 수 있다. 앞으로 이에 대한 보다 진지한 성찰이 동반된다면 더한층 새롭고 좋은 시로 거듭나리라 기대된다.

3. 깊고도 새로운, 맛과 멋을 지닌 시세계

맛과 멋은 같다. 맛난 것은 멋을 지니며, 멋진 것은 맛을 지닌다. 맛과 멋은 둘 다 조화와 어울림 속에서 구현되는 속성이 있다. 시인이 맛있게 차려 놓은 시라야 독자가 비로소 멋을 음미할 수 있게 된다.

지연과 유수경의 시들은 깊고도 새로운 맛이 있다. 여느 작품을 읽어도 들쑥날쑥하지 않고 전체적으로 향상된 수준을 보이며 탄탄한 시세계를 구축하고 있다.

> 청계가 알을 품다가 발로 밀어낸 것은 어김없이 심장이 식은 것이라 한다
>
> 심장이 깃 아래 다리 사이를 오간다
> 병아리가 본 하늘의 심장은 십오 센티 위이겠다
>
> 눈을 크게 뜨고 안심이란 언어로 세상을 읽을 때가 언제였

더라

당근꽃 사이나 딱정벌레 날개에도 밀어낸 어둠이 있다
내 심장은 종종 흩어져 어둠을 누르고 가야 할 날을 셈했다

유월의 나뭇잎이 하늘의 깃을 털고 있음을 안건 오래지 않은 일

가득한 눈빛으로 나뭇잎이 흔들린다 나는 몹시 머리가 아파서 나무를 안았는데 나무에게 내가 안겼다는 것을 알았다

청계의 깃 같은 어쩌면 신의 깃털 같은 나뭇잎들이
느리게 나를 따라와 늘 그러하였다는 듯 심장을 발딱인다

살아서 낙오된 심장은 없으니 햇볕 안으로 걸어가기로 했다
머리를 숙여 하루를 쪼아 먹는 일이 나쁘지 않다

—지연「청명淸明」전문

'청계가 알을 품다가 발로 밀어낸 것은 어김없이 심장이 식은 것이라 한다'는 명제에서 출발하여 자연스럽게 시적 논리를 이끌어낸다. 병아리 입장에서는 심장이 어미닭의 깃 아래 다리 사이를 오가는 것이며, 하늘의 심장, 곧 생사가 어미닭의 깃과 다리 사이 십오센티 위가 되는 것이다. 3연에 이르면, '눈을 크게 뜨고 안심이란 언어로 세상을 읽을 때가 언제였더라'며 자연스럽게 화

자로 귀결된다. 어미닭의 입장에서→병아리의 입장으로 →시적 화자의 사유로 변주되며 의미가 확장된다.

세상의 모든 생명 있는 것들은 어둠(식은 심장)을 밀어내고 나온다. 작고 사소한 '당근꽃'이며, '딱정벌레'며, 녹음이 짙은 '유월의 나뭇잎' 한 장도 마찬가지다. 살아있다는 것은 '어둠을 누르고 가야 할 날을 셈했다'에서 보여지듯, 죽음과의 끊임없는 대결이며, 발딱이는 심장을 지닌다. 궁극적으로 이 시는 살아있음에 대한 감사를 고백하는 작품이다. 마지막에 '머리를 숙여 하루를 쪼아 먹는 일이 나쁘지 않다'는 술회에서 보이듯, 주어진 하루를 살아가는 일을 청계가 열심히 먹이를 쪼아 먹는 행위로 다시 상기시키며 수미상관으로 끝맺는다. 살아있음을 청계靑鷄와 청명淸明이라는 색채이미지를 통해 대응시킨 점도 흥미롭다. 전체적으로 시의식의 자연스런 확장과 주제의 완결성을 잃지 않으며 긴장을 늦추지 않는 시적 전개는 칭찬받아 마땅하다. 그녀의 다른 시 「폐경」이거나 「메아리가 나를 부를까 해서」 같은 시들 역시 재기발랄하고 독특한 상상력의 미적 체험을 선사해주고 있음은, 앞으로도 눈여겨 볼만한 좋은 시의 탄생이 충분히 예감된다.

다양한 목소리(多聲), 다양한 얼굴(多面), 다양한 계층(多層)이 지닌 장점들의 유기적인 조합으로 산문의 시대는 굳건히 건재하리라 주창한 문학이론가의 말은 언제 들어도 타당하다. 동양의 고전 『삼국지』만 예로 들더라도 그 얼마나 많은 목소리와 얼굴과 계층이 등장하는가.

그에 반해 시는 단성單聲의 문학이다. 시인은 세계와 자아와의 끊임없는 시적 통찰을 통해서 미의식을 탐색하는 의미부여자이다. 시의 단성單聲,곧 시가 지닌 하나의 목소리는 달리 표현하면 '자기고백'이다.

유수경의 자기고백적 시들은 그 시작은 가벼운 듯하지만, 읽어 들어갈수록 일상에서도 깊은 맛을 우려내는 묘한 매력을 선사한다. 보라. '겨울밤 흔하게 볼 수 있는 눈발'이거나, '이만하면 됐다'라는 지극히 평범하고 일상적인 언어가 시인만의 독특한 시적 사유와 선택된 시어들과의 치밀한 구조적 연결장치에 의해 어떻게 빛을 발하고, 새로운 미적 성취의 옷을 입고 거듭나는가를. 유수경의 「눈발」은 한국시의 겨울을 대표하는 시들의 한 자리 앉아도 수작秀作이라 하기에 충분하다. 마치 한편의 단편영화와도 같이 '눈발 날리는 겨울밤을 배경'으로 다양한 스텝과 소품이 등장한다. 곡예하듯 골목을 오가는 배달오토바이와 언 발의 길고양이, 염화칼슘을 뿌리는 경비원, '그만하면 됐다'의 나레이션. 여기에는 시인으로서 한 시대를 읽어내는 현실인식, 사회적 현상을 반영하려는 시적 고뇌, 나아가 대립과 고통을 화해하고 정화하려는 투철한 시의식이 두루 투영되어 나타나 있다. 좋은 시는 달리 되는 게 아님을 「눈발」은 보여주고 있다.

> 초저녁 댓바람 불고 핏대 세우며 눈발 날린다
> 지워지는 발자국이 불안하여 자꾸 멈칫거리고
> 저만치 달아난 바람의 방향으로 휩쓸려 간 것들이

되돌아올 땐 가속도가 붙었다

허공에서 서로 엉겨 붙거나 밀어내는 눈발은
밤의 허기를 달래며 혼자 먹는 밥처럼
성가신 연민

가파른 언덕과 낮은 담벼락 사이
주택가 골목을 곡예하듯 오가는
배달 오토바이가 두 줄 선명한 나이테를 그었다
그 위를 길고양이가 언 발로 총총거리며 지나가고
마땅히 지워야 할 것처럼 서둘러 눈 내린다

선달그믐 달빛 없는 밤
창문을 할퀴고 가는 칼바람에 삭신이 쑤시고
눈은 더 내릴 것인가
침침한 어둠을 가르며 경비원이 포대 자루 서너 개
염화칼슘을 풀어 헤친다
그만하면 됐다, 혼잣말을 하며 잦아지는 눈발에
불 끄고 돌아누웠다

—유수경 「눈발」 전문

1연은 '초저녁 댓바람 불고 핏대 세우며 눈발 날린다'에서 보이듯, 귀가길에 맞딱뜨린 눈발은 거센 남성성으로 부각된다. 발자국마저 지워지고 화자는 불안감을 느낀다. 2연에서 눈발은 밤의 허기를 달래며 혼자 먹는 밥처럼 '성가신 연민'으로 비유된다. 거센 바람 불고 추운 겨울밤, 화자의 마음은 이나저나 걱정스럽다. 3연에 이르면 그 걱정거리가 구체화되어 드러난다. 눈 쌓인 골목을 곡예하듯 오가는 '배달오토바이'와 언 발로 총총거리며 지나는 '길고양이'가 그들이다. 거센 눈발이 날리는 오늘 밤 시적 화자는 지상의 안부가 염려되는 것이다. 그러나 누군가에게는 춥고 견디기 힘든 이 상황이 되겠지만 '마땅히 지워야 할 것처럼 서둘러 눈 내린다'에서 보이듯, 지상에 내리는 눈발의 입장에서 보면 겨울은 추워야 하는 자연의 이치로, 응당 겨울밤 제 몫을 톡톡히 해내고 있는 것으로 시인에게는 인식된다.

4연에 이르면, 겨울밤의 혹독한 추위는 최고조에 달한다. '섣달그믐 달빛 없는 밤'에 '칼바람이 창문이 할퀴'고 시적 화자에게는 '삭신이 쑤시는' 고통으로 전이된다. 이 시의 탁월한 시적 성취는 눈발의 독백에 있다. '눈은 더 내릴 것인가'에 이르면, 시적 화자가 유발하는 물음이자, 눈발이 스스로에게 던지는 자문自問이다. 동시에 밤늦도록 잠 못 이루며 소임을 다하는 있는 경비원의 '눈발이 더 퍼부어대면 안 될 터인데'라는 염려가 함께 담겨 있다.

'그만하면 됐다, 혼잣말을 하며 잦아지는 눈발'에서 천상과 지상의 화해가 이뤄지고 있다. 이 시가 가장 빛나는 결정의 순간이 찾아온 것이다. 그 사납던 눈발은 그치고, 침침한 어둠 속에서 경비원은 염화칼슘을 풀어헤치고, 시적 화자 또한 드디어 불을 끄고 눕는 행위 속에 평

온을 맞이한다. 마침내 세상을 온통 하얗게 뒤덮는 정화淨化가 시간으로 깊어간다. 겨울 눈 내리는 밤의 평범한 광경을, 유수경은 자신만의 독특한 시적 사유를 통해 미의식의 경지로 승화시킨다. '그만하면 됐다'에 농축된 '화해로의 이끔'은, 시인의 오랜 시적 도정에서 다져진 시의식의 집약이 아니었을까 생각해본다.

4. 시를 생각하는 눈빛처럼

『지평선시동인』을 통하여 참으로 오랜만에 며칠 밤낮으로 시를 읽는 괴롭고도 행복한 시간들을 보낸 듯하다. 이번에 선보이는 동인들의 시세계는 소망을 노래하고 근원적 슬픔을 다독이며, 감사의 마음을 잃지 않고 화해를 지향하는 정서의 보편성에 기대어 각자의 독특한 개성을 드러내는 것으로 압축된다.

> 앞으로 더 좋은 시,
> 더 좋은 글을 기대해야 될 터인데,
> 몸은 자꾸 지쳐간다.
> 그래도 크게 외쳐보고 싶다.
> 마음이여!
> 너라도 좀 젊게 살아라.
> 시처럼,
> 시를 생각하는 눈빛처럼.